ESA HORRIBLE HIST

ESOS ASOMBROSOS EGIPCIOS

TERRY DEARY • PETER HEPPLEWHITE

Ilustrado por Martin Brown

RBA MOLINO

Título original: *The Awesome Egyptians*
Publicado por primera vez en el Reino Unido
por Scholastic Publications Ltd. en 1994
Traducción: Rosa Moreno Roger

Publicado originalmente en castellano por Editorial Molino en 1993

Pérez Galdós, 36 - 08012 Barcelona
rba-libros@rba.es / www.rbalibros.com

Ref.: MOJD051 / ISBN: 84-2722-032-4
Depósito legal: B-32473-2008
Composición: Víctor Igual S.L.
Impreso por Liberdúplex

Índice

Los asombrosos egipcios

Introducción

Las lecciones de matemáticas están llenas de problemas; de las de lengua mejor no hablar; las de música pueden romper todos los tímpanos; las de geografía tienen sus altos y bajos; las de química a veces producen gases y las de biología están llenas de vida.

Todas son pesaditas, ¡pero la historia...!

¡La historia es *horrible*! Cantidades de fechas que deben aprenderse, reyes horribles siempre en guerra contra gente horrible. ¡A veces es horriblemente aburrida!

¿Verdad que la historia es horrible?

¡A veces todo puede ser horriblemente confuso!

Este libro trata de una historia verdaderamente *horrible*. ¡De cosas que los profesores nunca hablan! No siempre le cuentan a uno toda la verdad. ¡De veras!

Los profesores creen que uno es demasiado joven para saber cosas asquerosas ¡como la manera en que los egipcios sacaban el cerebro a las momias! No te lo cuentan y sales de la escuela ignorando para siempre jamás cosas de una importancia vital.

¡Pero a veces no te lo cuentan porque ellos tampoco lo saben! (¡De veras! Los profesores *no* lo saben todo, pero algunos creen que sí.)

Este libro te contará lo que ellos no se atreven a contarte. Y cuando lo hayas leído ¡se lo podrás enseñar tú! ¡Verás qué divertido!

También encontrarás montones de otras cosas interesantes.

¡Historias que te dejarán la sangre más helada que el hielo de un frigorífico!

¡Cosas más divertidas que comerte una bolsa de patatas fritas bajo el agua!

Detalles más divertidos que un chiste de maestro, más repugnantes que un calcetín de futbolista o más tristes que una oveja con tres patas. ¡Espero que lo encuentres horriblemente divertido!

Récord de los egipcios

El detalle más asombroso de los egipcios es que su civilización duró un tiempo asombroso: unos tres mil años. Duraron tanto tiempo que sus monumentos ya eran antiguos incluso en tiempos de los griegos y de los romanos.

Cronología de los sucesos importantes

La cronología egipcia se divide en períodos llamados dinastías. Una dinastía era el tiempo durante el cual reinaba una misma familia. Cada dinastía podía tener desde 14 reyes a sólo uno. Hubo 30 dinastías totalmente egipcias, seguidas por dos griegas, hasta que Egipto cayó en manos de los romanos y luego de los árabes. Una carrera a través del tiempo asombrosamente rápida.

Asombrosos acontecimientos egipcios

Fecha: 3200-2300 a.C.
Dinastía: 1-6
Período: Imperio Antiguo
Hechos: Se unen el Bajo y el Alto Egipto y se controlan las inundaciones del Nilo con presas.
Los escribas escriben con jeroglíficos y se inventa el calendario.

Se construyen las primeras pirámides, incluyendo la Gran Pirámide de Keops.

Fecha: 2300-2050 a.C.
Dinastía: 7-11
Período: Primer período Intermedio
Hechos: El débil Gobierno de Pepi provoca revoluciones y disturbios. Hambre para muchos campesinos.

Fecha: 2050-1775 a.C.
Dinastía: 11-12
Período: Imperio Medio
Hechos: Faraones capaces. Arte, manufacturas y escritura espléndidos. Construcción de grandes templos ornamentados. Las primeras panaderías del mundo.

Fecha: 1775-1575 a.C.
Dinastía: 13-17

Período: Segundo Período Intermedio
Hechos: Los «Reyes Pastores» invaden el país procedentes de Asia. Gobierno del Norte. Empieza la utilización del caballo y el carro. Primeras golosinas del mundo. Mejora del huso para hilar. Nuevos instrumentos musicales como el oboe y la pandereta.

Fecha: 1575-1085 a.C.
Dinastía: 18-20
Período: Imperio Nuevo
Hechos: Expulsión de los «Reyes Pastores». El período más espléndido de la historia egipcia.
Excavación de tumbas en la roca del Valle de los Reyes.
Vive y muere Tutankamón.
Ramsés II derrota a los hititas en la gran batalla de Kadesh.

El Libro de los Muertos es escrito en un papiro. Los esclavos hebreos salen libres de Egipto gracias a Moisés.

Fecha: 1085-709 a.C.
Dinastía: 21-24
Período: Período de Decadencia
Hechos: Fin gradual de los reyes egipcios.
Egipto ha de contratar soldados libios para sus guerras.

Fecha: 709-332 a.C.
Dinastía: 25-30
Período: Último Período
Hechos: Los reyes persas gobiernan Egipto. Invasión de los asirios. Los gobernantes nubios son los primeros que impulsan el estudio de la historia.

Fecha: 332-30 a.C.
Dinastía: Dinastía ptolemaica
Hechos: Egipto es conquistado por Alejandro Magno de Macedonia.

Gobernado por la familia griega de los Ptolomeo. La última reina de Egipto fue Cleopatra.

Fecha: 30 a.C.
Hechos: Egipto forma parte del Imperio romano. Egipto abastece de alimento al mundo romano.

Fecha: 641 d.C.
Hechos: Egipto es conquistado por los árabes.

Los fascinantes faraones
El misterio de los reyes

El espectáculo más asombroso que uno puede ver en Egipto son las pirámides, y lo más asombroso que uno no puede ver es la gente que las hizo construir, los reyes egipcios o faraones. Ahora ya no son más que polvo, huesos, momias mohosas y, desde luego, historia. Pero ¿cómo ocurrió?

Antes de ser una nación, Egipto estaba formado por pueblecitos instalados en las orillas del río Nilo. Cada pueblo tenía un jefe. Los jefes más fuertes se apoderaron de los pueblos vecinos y constituyeron pequeños reinos.

Nuevamente, los más poderosos aumentaron su poder conquistando a los otros y, al final, sólo quedaron dos jefes máximos, el rey del Alto Egipto con su corona blanca y el rey del Bajo Egipto con su corona roja.

Hacia el 3200 a.C., el rey Menes del Alto Egipto conquistó el Bajo y unió las dos coronas. Así nació el país que conocemos como Egipto antiguo.

Los pequeños pueblos con jefes se convirtieron en reinos con reyes en sólo 200 años. ¿Cómo pudo suceder tan rápidamente? Algunos historiadores creen que los nuevos líderes eran un grupo de gente fabulosamente inteligente procedentes de fuera de Egipto, es decir, conquistadores. Se sabe que estos primeros reyes eran más altos y ¡con cabezas más grandes que los campesinos egipcios!

Un destacado historiador dice que procedían del este. ¡Un destacado histérico afirma que venían de otro planeta! Se han descubierto sus esqueletos y sus sarcófagos, pero el platillo no.

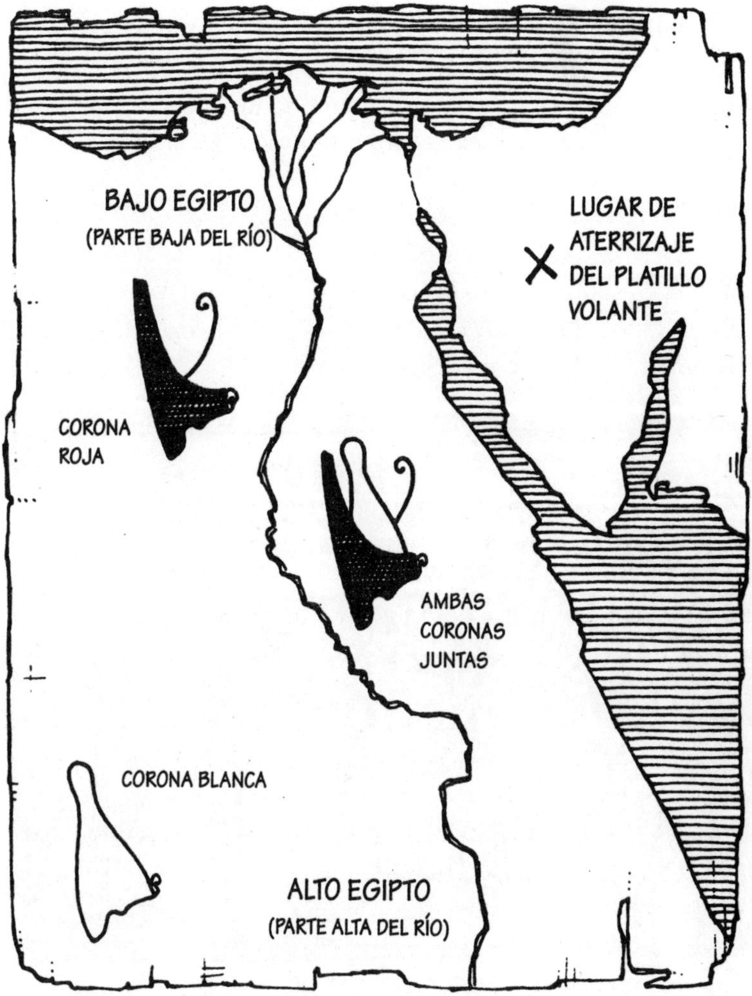

Sin embargo, como nadie lo sabe con seguridad, pensad lo que queráis. En cualquier caso, vinieran de donde vinieran, fueron sus aún más asombrosos descendientes los que construyeron las pirámides.

¿Podrías haber sido tú un rey egipcio?

Para ser rey, primero tendrías que casarte con una princesa cuya familia estuviera en el trono. Y si hubiera más de una, ¿qué harías? ¿Cómo podrías estar seguro de que *tú* serías el rey?

A. ¿Matarías a las otras princesas menos a tu esposa?
B. ¿Dejarías que las otras princesas se casaran con alguien que pudiera disputarte el trono?
C. ¿Te casarías con *todas* las princesas para asegurarte el trono?
D. ¿Encerrarías a las otras princesas?

Respuesta: C. Era la más común. No había límite en el número de esposas que un rey podía tener. Con cuantas más princesas reales se casaba, más seguro tenía el trono.

Tu papel como rey

Éstos eran algunos de tus deberes como rey:

El festival Heb-sed

¿Estás en forma? El rey tenía que demostrar su forma física participando en una carrera a los treinta años de reinar. Esta terrible prueba la sufría en el festival Heb-sed.

Jefe religioso

Recuerda que no sólo eres un rey, sino también un dios. Cada mañana el rey ha de presentar ofrendas a los otros dioses para pedir que el sol reaparezca. ¡Si no lo haces, el sol no volverá a aparecer y el mundo morirá! (Si eres un poco perezoso, no te preocupes. Los sacerdotes suelen hacerlo por ti y también se comen las ofrendas de los dioses como parte de su salario.) Otro de tus grandes poderes es gobernar el gran río Nilo. Todos los años llevas a cabo las ceremonias que inducirán al río a inundar las tierras, haciéndolas fértiles para que produzcan las cosechas abundantes y la gente pueda alimentarse.

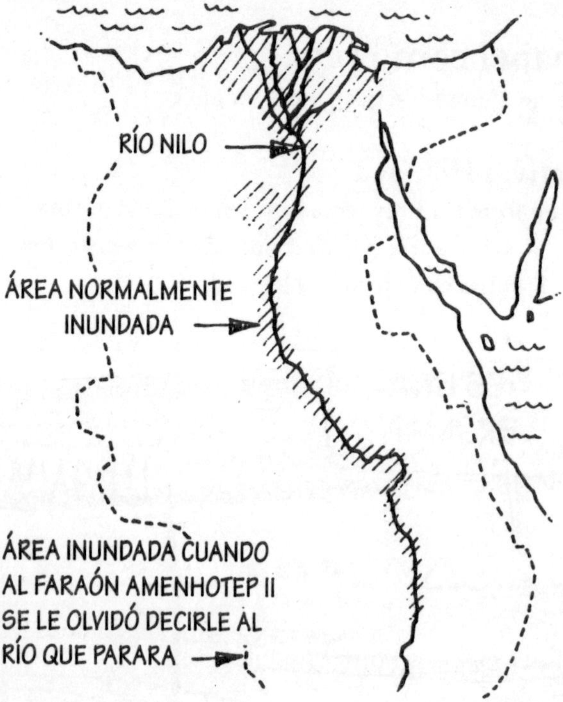

Líder

Un deber muy importante es mantener unidos a los dos Egiptos: el Bajo y el Alto. ¿Te sientes un poco abrumado? No te preocupes, hay montones de funcionarios públicos que te ayudan a gobernar el país.

El nombre del rey

Desde luego, es poco probable que hubieras sido rey en Egipto, más bien una persona del pueblo. Como tal, hubieras tenido que usar mucha cortesía para hablar con el rey. Para empezar, te buscarías un problema si le llamabas *rey* y mucho menos ¡*Rey*! Te expondrías a la pena de muerte. Los egipcios creían que su jefe era sagrado y se suponía que tenían que adorarlo. No era sólo el rey, sino un dios. ¡Por eso era todo un insulto llamarle por su nombre! En lugar de ello, usaban nombres respetuosos; el más popular era Faraón, que significaba «la Gran Casa» o «Palacio» porque el cuerpo del rey era la «casa» humana de un dios.

Un jefe guerrero terrible

Los grabados de todos los monumentos egipcios muestran al rey como un gran conquistador. ¿Y si era derrotado? No os preocupéis. ¡Los escribientes (escribas) decían que había ganado! Ramsés II luchó contra los hititas en la batalla de Kadesh, en Siria. Los escribas egipcios la describen como una gran victoria, pero los escritores hititas afirmaron que ellos fueron los vencedores.

¿Ella es una reina o un rey?

El rey de Egipto era un hombre, pero a veces también podía ser una mujer. ¡Sí, una mujer podía ser rey! Si una mujer era la persona más poderosa de Egipto, podía gobernar el imperio, pero los egipcios nunca la consideraban una reina.

El rey de Egipto era el hijo de Ra, el dios supremo. Por tanto, el hijo de Ra tenía que ser un hombre, ¿verdad? ¡O sea, era un hombre aun cuando fuera una mujer! Si no tenía las cualidades de un hombre, los egipcios se las daban: debía llevar barba. Por eso la reina se ponía una peluca en forma de barba.

Hatshepsut fue una mujer faraón que se vestía muchas veces de hombre para parecerlo. Su nombre está escrito en los monumentos de todo Egipto, pero a los reyes que le siguieron les gustaba tan poco que ella hubiera sido una mujer, que lo borraron y fingieron que nunca había existido.

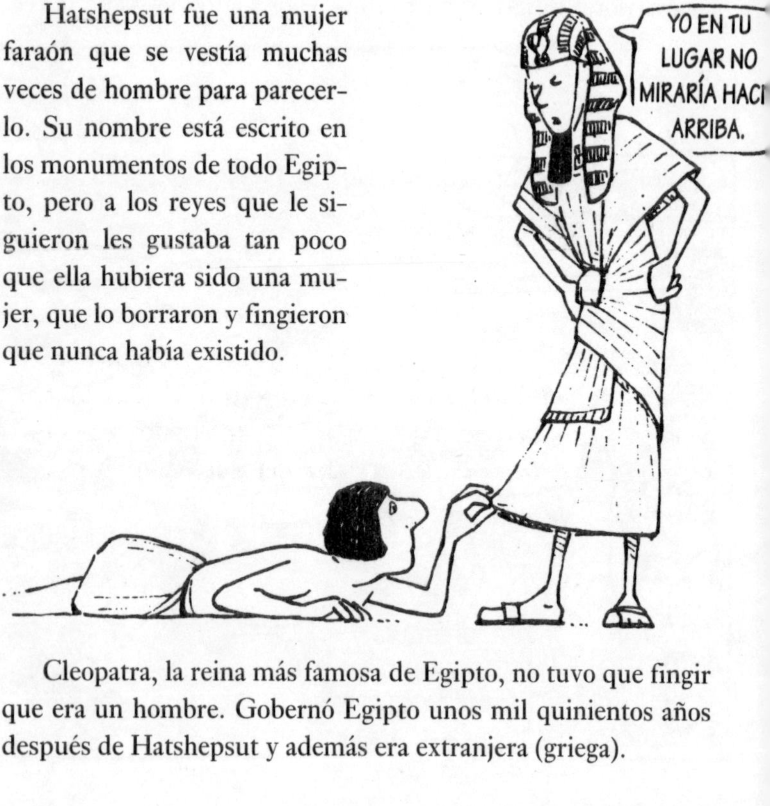

Cleopatra, la reina más famosa de Egipto, no tuvo que fingir que era un hombre. Gobernó Egipto unos mil quinientos años después de Hatshepsut y además era extranjera (griega).

La terrible tragedia de Tutankamón o ¿te casarías con tu abuelo?

El rey Ajenatón era un problema. Tenía la loca idea de que en Egipto sólo debía haber un dios, Atón. Y se pasaba tanto tiempo obsesionado con Atón que se olvidaba de defender Egipto de sus enemigos. Sus ministros debían de estar frenéticos.

El rey Ajenatón tenía que irse. Y se fue. Murió repentina y misteriosamente. Su tío Ay, el primer ministro, que seguramente tuvo algo que ver con esto, eligió como sucesor de Ajenatón a su hermano menor Tutankamón, que sólo contaba nueve años, muy pocos para gobernar el país. Pero allí estaba tío Ay para ayudarle, además de ayudarse a sí mismo a conseguir una fabulosa cantidad de poder.

Tío Ay solucionó los problemas de religión y de defensa del país. Gobernó de forma absoluta mientras el joven Tutankamón vivía tranquilamente con su esposa Anjesanamón. Los dos pasaban el tiempo cazando.

De repente, Tutankamón murió. ¿Cómo? ¿De muerte natural? Sólo tenía dieciocho años. ¿O fue *asesinado*? Quizá Tutankamón había decidido que ya era hora de sustituir a tío Ay. O quizá tío Ay no quería dejar el poder del que había disfrutado durante diez años.

Tío Ay sólo tenía dos maneras de retener el poder. O luchar por él, pero podía ser derrotado, o matar a Tutankamón y casarse con la viuda de éste, Anjesanamón, que también era su nieta. Escogió la segunda.

A Anjesanamón la idea de casarse con su abuelo no le gustaba ni pizca. ¿Te gustaría a ti? Pero ¿qué podía hacer? ¿Qué hubierais hecho vosotros en el lugar de Anjesanamón?

Anjesanamón eligió la solución número 1 del cuadro. Creo que yo hubiera hecho lo mismo. Accedió a casarse con el príncipe Zenanza, el hijo del rey hitita. ¡Y eso que los hititas eran enemigos de Egipto! El rey hitita envió a Zenanza para casarse con Anjesanamón pero nunca llegó. Fue asesinado por el camino. ¿Adivináis por quién?

Entonces, Anjesanamón aceptó casarse con el abuelo Ay, y ¿sabéis lo mejor? Ay fue rey pero sólo vivió cuatro años más. ¡Probablemente eso fue demasiado para él o alguien le dio una dosis de su propia medicina!

Curiosidades reales

1. El rey Pepi II reinó desde los nueve años hasta casi los cien, asombrosamente más que ningún otro rey egipcio.

2. El rey Senefru invitó a 20 de sus esposas a remar por el lago del palacio para entretenerle. Todo iba bien hasta que a una de las esposas le cayó al río una de las agujas del pelo. Ella se enojó mucho y se negó a seguir. El rey insistió. La esposa se negó. Finalmente, el rey Senefru tuvo que ordenar al mago de la corte que la buscara. Una antigua historia dice que el mago dobló las aguas del lago en dos y que la encontró.

3. Numerosos reyes tenían magos a sueldo. Uno sabía cómo cortar la cabeza a un pato y volver a ponérsela sin hacer daño al ave. ¿Sería parecido al truco de serrar a una señora de los modernos magos? Otro podía convertir a un león salvaje en un cachorrillo manso.

4. El rey Ramsés II se enfrentó él solo a los hititas con su león domesticado, ¡y logró sobrevivir! Rezó al dios Amón para que le ayudara y, en aquel momento, apareció un ejército de aliados por detrás de los hititas que los atacaron y los empujaron hacia el río, donde la mayoría se ahogó. El rey hitita firmó la paz con Ramsés y el león.

5. Los reyes no sólo necesitaban sus cuerpos momificados para la otra vida. También les hacían falta servidores, escribas, cocineros, sastres, constructores y todos cuantos les servían en vida. La mayoría de los reyes eran enterrados con figurillas que reproducían los criados que necesitaban.

Pero los primeros reyes solucionaron su necesidad de criados para la otra vida de una forma mucho más brutal: al morir se hacían enterrar con ellos y, como no podían ir a la otra vida vivos, ¡había que matarlos!

No sabemos si morían de buena gana o eran brutalmente asesinados. Sabemos que, en la antesala de la tumba de Zoser, por ejemplo, están enterrados 338 sirvientes sacrificados en su funeral. Esta macabra costumbre no se abolió hasta la muerte de Ka, el octavo rey.

Servir al rey era un gran honor. Pero ¿te hubiera gustado trabajar para él sabiendo que, cuando muriera, te matarían?

6. Los romanos gobernaron Egipto como parte del Imperio romano. Habían pasado 3.000 años y la época de esplendor de Egipto se había acabado. El antiguo Egipto ha sido el imperio más duradero de la historia de la humanidad. ¡Fabuloso!

7. Los últimos reyes de Egipto no fueron egipcios sino griegos. Después de la conquista del país por Alejandro Magno en el año 332 a.C., la familia Ptolomeo reinó durante los tres siglos posteriores. El último Ptolomeo fue la maravillosa reina Cleopatra, pero la pobre chica tuvo un final muy poco recomendable.

Cleopatra era la amante del gobernante romano Julio César que la protegía de la invasión romana, pero César fue asesinado y ella tuvo que decidir por cuál de sus dos sucesores tomaba partido para que la apoyaran: ¿Augusto o Marco Antonio? Eligió a Marco Antonio y también se convirtió en su amante.

Perdió la apuesta. Y la derrota de Marco Antonio en la guerra contra Augusto marcó el fin de Cleopatra. El final sería gracioso si no fuera tan trágico.

A Marco Antonio le dijeron que Cleopatra se había suicidado y, del disgusto, se arrojó sobre su espada *para matarse*, pero no lo logró.

A continuación, le dijeron que Cleopatra *¡no* se había suicidado! ¡Estaba viva! Hizo que lo llevaran a su lado, pero murió a consecuencia de la herida. Cleopatra se entristeció tanto que entonces se suicidó de veras.

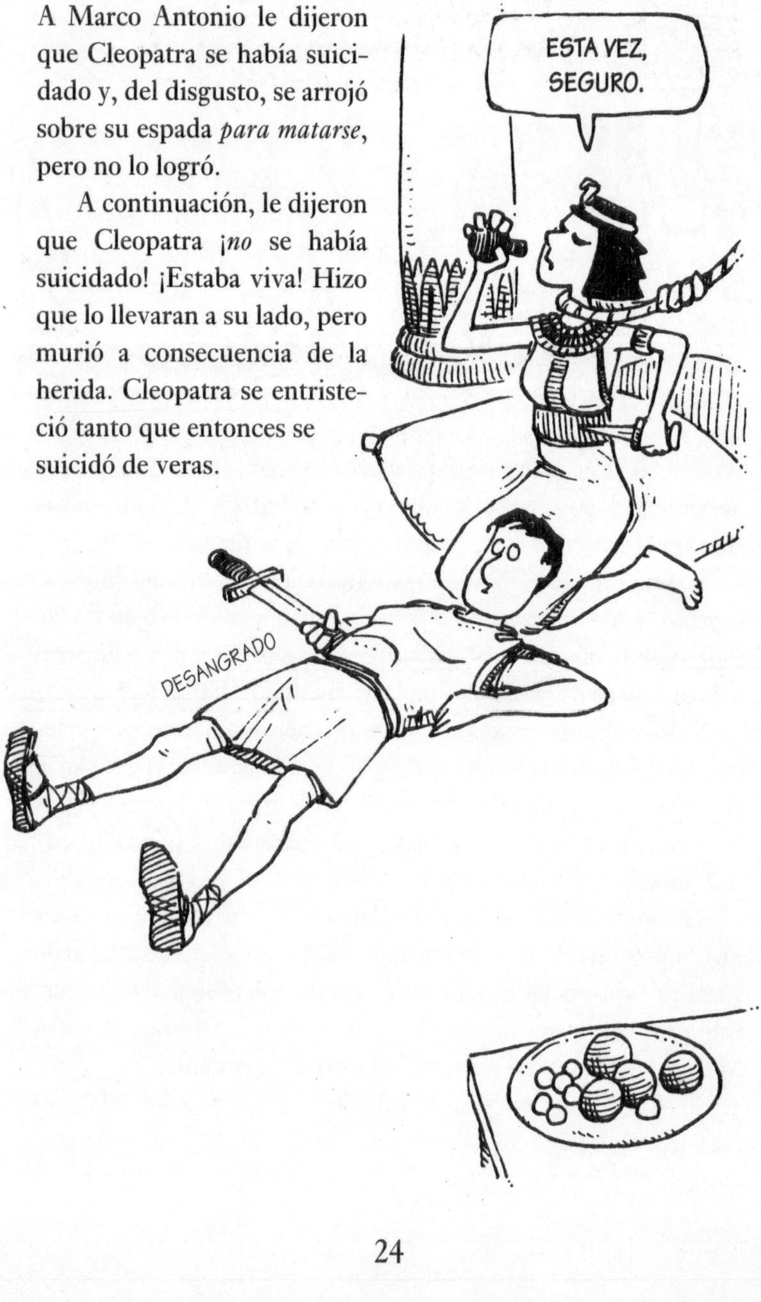

El poder de las pirámides

12 de agosto de 1799

Fue un gobernante asombroso, el más poderoso de su tiempo. Y este gran gobernante del nuevo mundo que se llamó Napoleón Bonaparte, líder de Francia y conquistador de Europa, quiso visitar al gobernante más importante del mundo antiguo y se dirigió a la pirámide de Keops en Egipto.

El guía le condujo por los largos pasillos de la pirámide. Llegaron al mismo centro de la cámara real. El guía empezó a hablar, pero Napoleón le hizo callar con un movimiento de la mano.

–Déjame solo –le ordenó en francés.

–Pero señor...

–¡Solo, he dicho!

–Como quiera, señor –murmuró el guía que retrocedió por el largo pasillo.

Napoleón se quedó solo rodeado por el aire cálido y silencioso del lugar. Pasó un largo tiempo antes de que el gran hombre volviera a salir. Estaba pálido y temblaba.

–¿Le ocurre algo, señor? –le preguntó el guía.

Napoleón pareció no oírle, pero de repente le dijo con voz ronca y en tono autoritario:

–¡Jamás hables de esto con nadie!

–No, señor –murmuró el guía mientras caminaban por la llanura seca y calurosa de Egipto.

Pero posteriormente, a lo largo de su azarosa vida, el mismo Napoleón mencionó esta visita. Y sugirió, sólo sugirió, que en el interior de la pirámide había experimentado cosas increíbles y que quizás había tenido una visión de su propio futuro.

Más tarde, en su lecho de muerte en la isla de Santa Elena, pareció a punto de contar finalmente el secreto a un amigo.

–No –murmuró débilmente–, es inútil. ¡No me creerían!

Murió poco después y se llevó el misterio del poder de la pirámide con él.

La magia de la pirámide

Mil años antes de que Napoleón entrara en la cámara del rey, otro gran líder había estado en el mismo lugar. Se llamaba Al Mamun, el califa de Bagdad. Al Mamun era un joven muy curioso. Había oído mencionar el poder mágico de las pirámides y quería averiguar personalmente lo que había en su interior.

La mayoría de las pirámides habían sido desvalijadas por los ladrones de tumbas y estaban vacías, pero nadie había podido atravesar las macizas defensas de la pirámide de Keops, conocida como la Gran Pirámide.

La cámara real estaba excavada en la roca de debajo de la Gran Pirámide, quizá como lugar de descanso provisional por si el faraón moría antes de acabarse la pirámide. Había otra cámara para la reina y otra en el mismo corazón de la pirámide.

Una vez colocado el sarcófago en la cámara, se selló todo el pasillo con grandes bloques de granito. Cuando Al Mamun llegó a la Gran Pirámide, descubrió que ningún ladrón había perforado los bloques que impedían el paso. Pero el joven califa era tozudo y tenía un ejército de hombres a su disposición para cavar.

Cavaron túneles nuevos a través de la roca y finalmente llegaron al centro. Al Mamun entró. Había oído las leyendas acerca de los misterios que contenían las pirámides: mapas antiguos que mostraban el movimiento de las estrellas, el mundo conocido por los egipcios, metales finos y oro, y cosas mágicas como el vidrio irrompible.

En el centro de la cámara real había un sarcófago de piedra, ¡pero estaba vacío!

El rey Keops nunca fue depositado en esta vasta tumba. ¿Por qué? Si no iba a usarla, ¿para qué la habían construido?

Un misterio que aún hoy no se ha desvelado. Quizá la respuesta sea muy sencilla: a lo mejor enterraron a Keops en algún otro lugar porque la pirámide no estaba terminada cuando murió. Pero a muchos no les gustan las respuestas simples.

Centenares de personas han elaborado ideas, algunas más desconcertantes que otras.

Si la Gran Pirámide no es una tumba, ¿para qué la construyeron? ¿Qué otra cosa podía ser? ¿Qué sugerencia te gusta a ti más?

Algunas ideas asombrosas acerca de las pirámides

1. La Gran Pirámide es un ordenador gigante: si se toman las longitudes de los lados, las alturas y los ángulos, se pueden hacer numerosos cálculos. La pirámide también te dará la longitud de un círculo si conoces su diámetro.

2. Los egipcios podían utilizar la Gran Pirámide para calcular el recorrido de la Tierra alrededor del Sol y la velocidad de la luz.

3. La pirámide es un horóscopo matemático y puede calcularse el futuro a partir de ella. El Instituto de Piramidología de Londres afirma que la pirámide predijo la crucifixión de Jesús y la Primera Guerra Mundial, y que el mundo se acabará en el año 2979.

4. La Gran Pirámide es la demostración de la ingente suma de conocimientos de los sacerdotes egipcios, así como de su poder. Persuadieron a Keops para que la construyera y pagara las facturas, pero una vez muerto no quisieron enterrarlo en el interior de su maravillosa creación.

5. La Gran Pirámide es un observatorio para mirar y registrar el movimiento de las estrellas.

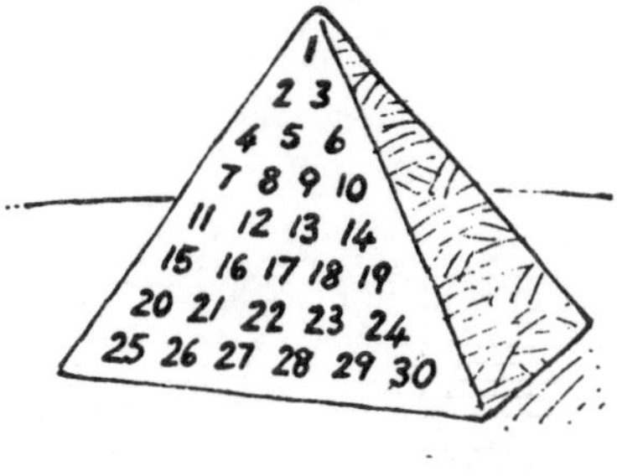

6. La Gran Pirámide es un gigantesco calendario. Con él, los egipcios medían la longitud del año con una exactitud de hasta tres decimales.

7. La Gran Pirámide es un reloj de sol. Su sombra se reflejaba en el suelo, el cual se marcaba con el día del año y la hora del día.

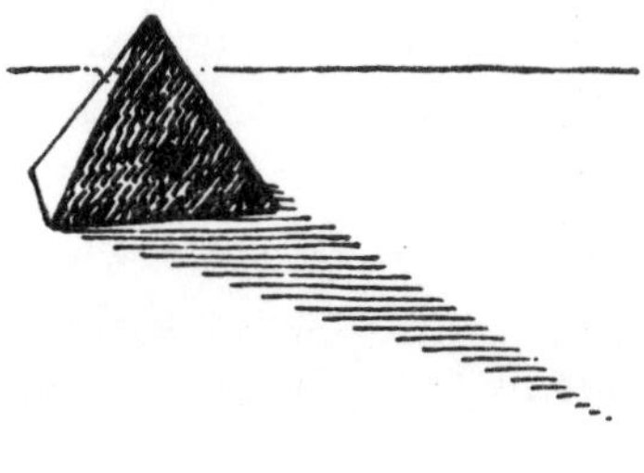

8. La Gran Pirámide servía de fita topográfica. Todos los mapas antiguos la utilizaban de punto de partida para elaborar y hacer las mediciones en sus mapas, parecido al meridiano de Greenwich actual.

9. La Gran Pirámide es un registro perfecto de los pesos y medidas del mundo antiguo. El Gobierno necesitaba una medida fija para aplicar al sistema de compra y venta de productos. Pero algunos pesos como el *deben* estaban hechos de cobre y, al cabo de años de uso, perdían peso. Incluso a veces comerciantes poco escrupulosos los trucaban.

10. En el centro de la pirámide se reúnen unas fuerzas tremendas de la naturaleza. En ese lugar pueden ocurrir cosas maravillosas. Aparte de la extraña experiencia de Napoleón, muchos turistas, al llegar al centro, han sufrido un shock o se han desmayado.

AVISO: A los que estudian las pirámides se les llama piramidólogos y a los que vienen con ideas estúpidas acerca de las pirámides se les llama piramidiotas.

La poderosa forma de la pirámide

Cincuenta años después de que Napoleón experimentara el poder de la Gran Pirámide, otro francés llamado Bovis visitó la enorme tumba. Estaba hecha un desastre, llena de basura dejada por los visitantes. Hasta había un gato muerto que había entrado por error. Pero Bovis advirtió algo raro en el cuerpo del gato. No estaba podrido como cabía esperar. En realidad, estaba tan bien conservado que hubiera podido pasar por una momia aunque sin vendas ni ungüentos. Bovis decidió que sólo una cosa podía haber conservado al gato: el poder de la pirámide.

Probablemente habrás visto en alguna ocasión cómo una lente de aumento concentra los rayos de sol sobre un lugar. Bovis concluyó que, de la misma manera, la forma de la pirámide concentraba algunas de las poderosas fuerzas de la naturaleza.

Volvió a Francia y practicó algunos experimentos. Hizo varios modelos de la pirámide y dejó en su interior diversas clases de alimentos de los que suelen estropearse con rapidez. ¡Comprobó que se mantenían en buen estado mucho más tiempo del esperado!

Unos cien años más tarde, en 1959, un ingeniero checoslovaco leyó una información sobre los experimentos de Bovis. Se llamaba Karel Drbral. Se preguntó si la pirámide podía conservar el metal del mismo modo que hacía con la comida. En aquel tiempo, en su país había escasez de hojas de afeitar, por lo que tuvo que usar hojas usadas que habían perdido el filo. Ante su asombro, Drbral descubrió que lo recuperaban.

El descubrimiento era tan asombroso que Drbral se quiso asegurar de que nadie más le robaría la idea. Necesitaba una patente que le garantizara su propiedad. Así que se fue a la oficina de Registro de Patentes.

Pero cuando Drbral volvió a la semana siguiente, halló un tembloroso jefe de oficina.

Y Drbral vendió la idea a una empresa que se lanzó entusiasmada a fabricar modelos de plástico de la pirámide para venderlos como afiladores de hojas de afeitar. Los checoslovacos compraron las pirámides convencidos de que funcionarían.

¿Y tú lo crees?

El experimento de la Gran Pirámide

La mejor manera de averiguarlo es hacer nuestro propio experimento con la Gran Pirámide.

1. Haz una pirámide de cartón de cuatro triángulos. La base de cada triángulo debe tener 15,7 cm y cada lado 14,94 cm.

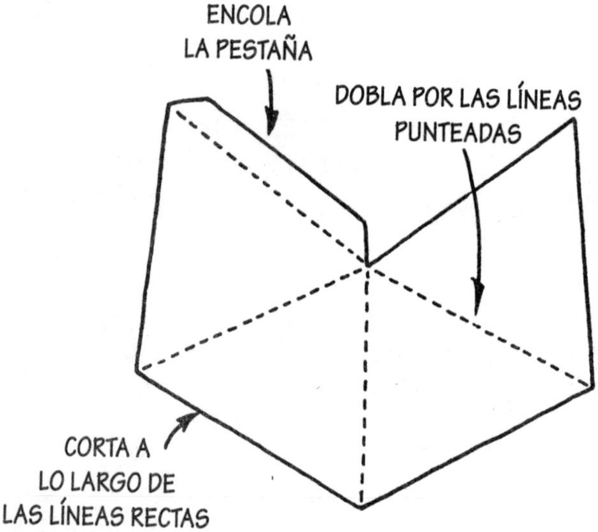

2. Coloca un pedazo de pan o de queso, o cualquier otro alimento, sobre un pequeño bloque de forma que quede elevado 3,33 cm sobre la base.

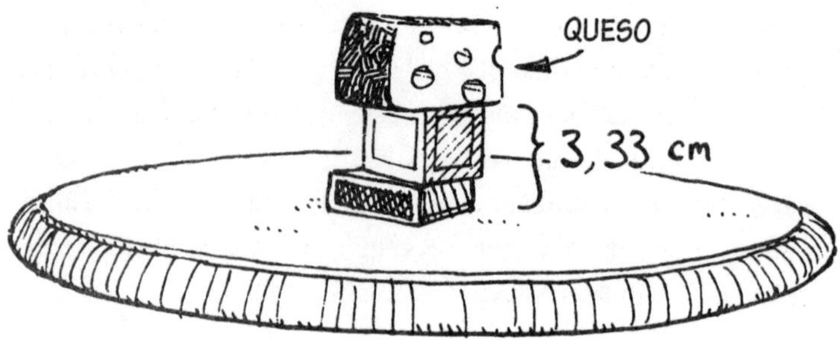

3. Coloca la pirámide sobre el alimento de modo que éste quede en el centro.
4. Alinea la pirámide de manera que cada lado mire exactamente al norte, sur, este y oeste.
5. Coloca otro pedazo igual del mismo alimento fuera de la pirámide.
6. Comprueba a diario el estado de ambos pedazos.

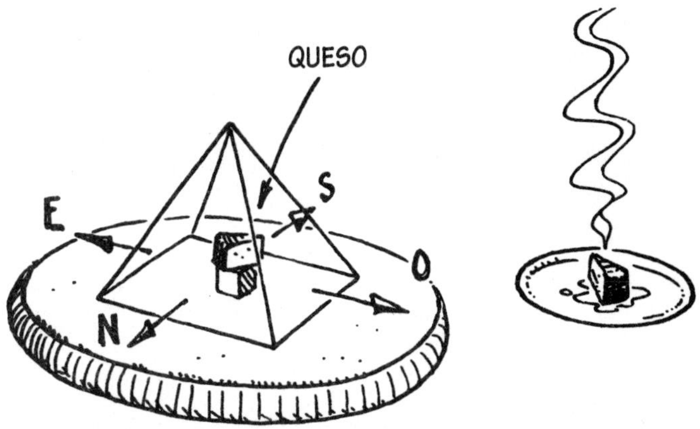

¿Cuál de los dos se pone antes mohoso? Si compruebas que el del interior de la pirámide aún se conserva fresco, ¡quizás habrás verificado personalmente el poder de la pirámide!

¿Lo sabías?

Hay un antiguo cuento de soldados de la Primera Guerra Mundial (1914-1918) que dice que si dejas una hoja de afeitar bajo la luz de la luna, recupera el filo. El borde de la hoja está hecho de diminutos cristales que le dan el filo. La presión de los rayos de la luna basta para agudizar nuevamente los cristales. ¿Podrían las fuerzas del interior de la pirámide conservar los cristales de la misma forma que conservó el cuerpo del gato egipcio?

Las pirámides

Diez detalles asombrosos que debes saber acerca de las pirámides

1. Se supone que una pirámide era la enorme tumba de piedra de un faraón (rey egipcio).

2. Las pirámides fueron construidas con grandes bloques de piedra; sin embargo, nadie sabe con certeza cómo los movieron, puesto que no tenían transporte con ruedas. ¿Y cómo las levantaron si no disponían de grúas?

3. La cámara sepulcral del centro estaba llena de fabulosas riquezas para que el faraón se las llevara a la otra vida.

4. Las riquezas eran una tentación para los ladrones. Los constructores de pirámides intentaron engañarlos con puertas, escaleras y corredores falsos.

5. La base de la Gran Pirámide de Keops es igual al área de siete u ocho campos de fútbol (230 m × 230 m).

6. La cámara sepulcral del interior de la Gran Pirámide es tan grande como una casa moderna pequeña (10 m × 5 m × 6 m de alto).

7. Las pirámides están cerca del Nilo porque algunos de los grandes bloques de piedra tenían que transportarse por agua.

8. Por motivos religiosos, las pirámides están situadas en la orilla oeste del Nilo, el lado por donde se pone el sol.

9. Los faraones eran enterrados acompañados de escritos religiosos para que los guiaran en la otra vida. Los primeros los grabaron en las paredes de la cámara sepulcral (Textos de las Pirámides), más tarde sobre el sarcófago (Textos de los Sarcófagos) y finalmente en papel egipcio (papiro), enrollado y colocado dentro del sarcófago del difunto. Describen las distintas maneras de llegar al otro mundo y se llama *El Libro de los Muertos*.

10. Los antiguos griegos visitaron las pirámides como turistas. Escribieron que, en la construcción de cada una, habían participado 100.000 esclavos durante diez años, una equivocada afirmación en muchos aspectos, que aún repiten algunos modernos libros de historia. Los trabajadores eran artesanos libres, no esclavos, y probablemente no fueron más de setenta u ochenta mil durante cinco años. Se les pagaba en parte con rábanos y ajos para que estuvieran más sanos y fuertes.

Una prueba para el tirano... quiero decir, profesor

¡Los profesores no lo saben todo! ¡Asombroso pero cierto! Pon a prueba *al tuyo* con estas preguntas de verdadero o falso. ¡Si acierta 8 de 10, es un genio!

¿Verdadero o falso?

1. A veces, las momias eran enterradas con figuras en miniatura. Verdadero/falso.

2. En Egipto, la madera era un bien escaso porque casi no hay árboles. Por eso los egipcios trabajaban tan bien la piedra.
Verdadero/falso.

3. Para las primeras pirámides, los egipcios transportaron las piedras arrastrándolas sobre una especie de trineos porque aún no habían inventado la rueda.
Verdadero/falso.

4. Algunos faraones fueron enterrados con un *Libro de los Muertos* llamado *El Libro de la Vaca Divina*.
Verdadero/falso.

5. Las pirámides, como lugares de enterramiento, estuvieron de moda durante casi mil años, desde 1800 a.C. a 800 a.C.
Verdadero/falso.

6. Las pirámides contenían todo cuanto el rey podía necesitar en la otra vida, incluido un excusado.
Verdadero/falso.
7. La pirámide escalonada de Saqqara fue la primera gran construcción de piedra del mundo.
Verdadero/falso.
8. La Gran Pirámide está construida con 2.300.000 bloques de piedra.
Verdadero/falso.
9. En Egipto hay 90 pirámides.
Verdadero/falso.

Respuesta: ¡Todo lo dicho es VERDADERO!

Viejo chiste del antiguo Egipto

Diez cosas que probablemente nunca necesitarás saber acerca de las pirámides

1. Si fragmentaras la Gran Pirámide en losas de 30 cm de grueso, podrías construir un muro de 1 m de alto que diera la vuelta a toda Francia. Si tuvieras un poco más de tiempo y pudieras cortar la piedra en tiras de 6 cm^2 y unirlas una tras otra ¡llegarías a la luna!

2. Algunos dicen que las pirámides eran algo más que simples tumbas. También eran graneros o lugares donde se guardaba el tesoro.

3. Durante los doscientos años posteriores a los enterramientos, probablemente todas las pirámides fueron despojadas de sus tesoros por los ladrones. Las únicas tumbas que se salvaron fueron las excavadas en la roca y no colocadas en pirámides. Las de Tutankamón y la de la reina Heteferes.

4. Los egipcios momificaban más cosas aparte de los faraones. También momificaban a sus animales domésticos y los enterraban en la pirámide para que hicieran compañía al rey difunto.

5. Si pudieras pesar una pirámide media, comprobarías que pesa 5.400.000 toneladas. Un bloque de piedra pesa de media tanto como dos coches modernos (2,5 toneladas). El bloque más grande (en la pirámide de Micerino) debe de pesar unas doscientas ochenta y cinco toneladas, es decir, de 200 a 250 coches.

6. Los constructores de las pirámides intentaron engañar a los ladrones colocando un bloque de piedra cubierto con yeso al final del corredor. Si los ladrones rompían el yeso encontraban la piedra y abandonaban. La entrada verdadera se hacía por una trampilla oculta en el techo.

ÉSTA ES
LA MAYOR
MARAVILLA
DEL MUNDO.
ÉSTA ES LA
MAYOR MARAVILLA
DEL MUNDO.
¡ÉSTA ES LA
MAYOR MARAVILLA
DEL MUNDO!

7. Los egipcios no tenían medidas de metal exactas. Utilizaban cuerdas de fibras *naturales*, un material que se encoge. Sin embargo, el mayor error en la Gran Pirámide es sólo de 20 cm en los 230 m de un lado (un error menor del 0,1 %). En la nivelación de la base fueron incluso más exactos: la esquina sureste es sólo 1 cm más alta que la noroeste.

8. Las pirámides no son las construcciones más fabulosamente grandes de la humanidad. La Gran Muralla de China lo es mucho más y la pirámide mexicana de Quetzacoatl es incluso 54 asombrosos metros más alta, con un volumen de 3,3 millones de metros cúbicos. La Gran Pirámide de Keops tiene sólo 2,5 millones de metros cúbicos. Pero las pirámides de Egipto son las más *antiguas* construcciones del mundo.

9. Las primeras tumbas eran de techo plano. Las llamaron «mastabas» porque se parecían a las casitas de barro de los campesinos egipcios. Las tumbas de las mastabas las robaban fácilmente. Así que empezaron a construir la siguiente mastaba encima de la anterior, y otra y otra, y acabaron con una pirámide «escalonada».

10. Ahora, y a causa de los accidentes ocurridos, está prohibido trepar por las pirámides si no se tiene un permiso especial.

ÚLTIMA HORA (7 de enero de 1993)

En Egipto, unos arqueólogos han descubierto en Giza las ruinas de una pequeña pirámide a pocos metros de la Gran Pirámide de Keops. El descubrimiento ha sido casual, durante una operación de limpieza. Con ésta, son ya 96 las pirámides conocidas en el citado país.

Cómo construir una pirámide (con la ayuda de 80.000 amigos)

1. Despejar de arena una parte de desierto hasta que aparezca la roca de debajo.

2. Nivelar el espacio. Quizá podrías inundarlo con agua del Nilo para establecer el nivel horizontal.

3. Fijarse en la estrella polar para determinar dónde está el norte.

4. Marcar un cuadrado perfecto para la base y las cuatro paredes que deberán encarar el norte, sur, este y oeste.

5. Empezando por el medio, construir el primer nivel con bloques de piedra caliza de dos o tres toneladas cada una.

6. Añadir nuevos niveles, cada uno menor que el anterior. A medida que suben, construir rampas de tierra laterales para subir los bloques.

7. Mientras la construyes, no olvides dejar espacios vacíos para los pasadizos que conducirán a la cámara sepulcral, la cual debe estar directamente debajo del vértice de la pirámide.

8. Cubrir la pirámide con la mejor piedra caliza de Tura y alisarla.

9. Quitar las rampas de tierra y construir una calzada de piedra desde el río a la pirámide.

10. Esperar a que el faraón muera. Momificarlo y, después, enterrarlo en la pirámide con todos sus tesoros. Y no os olvidéis de sellar la entrada para impedir que entren los ladrones.

Cómo decorar una pirámide

1. Encontrar un faraón que construya una pirámide nueva. Necesitará decoradores.
2. Cubrir las paredes interiores con una capa alisada de yeso. Pintar encima de él.
3. Hacer los pinceles aplastando los extremos de bastoncillos para darles forma de cepillo.
4. Preparar las pinturas para obtener nueve colores: negro, azul, marrón, verde, gris, rojo, blanco y amarillo, y el de moda en el Imperio Nuevo, el rosa.
5. Planificar cuidadosamente el trabajo, dibujando una cuadrícula en las paredes para saber donde irá cada figura.

6. Recuerda el estilo egipcio. Las cabezas se pintan de perfil, es decir de lado, pero el ojo se muestra de frente. Las piernas se ven mejor si se ponen de lado. Los hombros, en cambio, quedan mejor de frente. Cuanto más importante es la persona, más grande se dibuja. El faraón es la figura que ocupa más espacio.

Usa papel cuadriculado para copiar el dibujo de arriba. Si te ayudan unos cuantos amigos podrás decorar toda una pared. ATENCIÓN: No utilices la sala sin pedir antes permiso ¡o pasarás a la historia!

La magia de las momias

¿Lo sabías?

1. Que la palabra momia en árabe significa «betún», un alquitrán muy apreciado en medicina. Los árabes fueron los primeros en la época moderna en descubrir las momias y creyeron que estaban cubiertas de betún.
2. Los egipcios creían que el mundo acabaría algún día y, cuando esto ocurriera, irían al más allá. Pero, para tan largo viaje, necesitaban su cuerpo terrenal. Si lo dejaban descomponer no podrían ir.
3. Los hombres que momificaban los cuerpos de los difuntos se llamaban embalsamadores. Llevaban los cuerpos a un lugar llamado la Casa de la Belleza, aunque se parecía más a una carnicería que a un salón de belleza.
4. Al principio, sólo los muy ricos podían pagar el embalsamamiento. Más tarde, se convirtió en una gran industria al alcance incluso de los más pobres.

5. El clima de Egipto es ideal para conseguir una buena conservación. Hace 5.000 años murió un pobre campesino y su cuerpo fue cubierto por la seca arena del desierto. Está mejor conservado que muchas momias y puede verse en el Museo Británico. Le han dado el nombre de Ginger.

6. El cuerpo humano está compuesto por un 75 % de agua. Cualquier cosa húmeda se pudre a gran velocidad y, los muertos, en el feroz calor de Egipto, no eran una excepción. Por tanto, era necesario extraer todos los fluidos del cuerpo. Al principio, los embalsamadores utilizaban arena, pero dejaba la piel muy tirante. Más tarde, descubrieron que el natrón, una sal procedente de las orillas de los lagos cercanos a Egipto, era mucho mejor. Dejaba a la persona con un aspecto casi idéntico al que tenía en vida.

7. A veces, los embalsamadores se equivocaban y el cuerpo quedaba mal momificado. ¡Se ponía negro y se caía a trozos! Si una parte del cuerpo se partía o la robaba un chacal para tomar un rápido desayuno cuando nadie miraba, los embalsamadores lo sustituían con bolas de lino o hasta pedazos de madera. Si a la persona le faltaba una pierna en vida, le colocaban una postiza de madera para que la usara en la otra vida.

SEÑORAS
Y CABALLEROS,
NO HAGAN CRUJIR SUS
BOLSAS DE PALOMITAS,
POR FAVOR.

8. Los arqueólogos han encontrado momias envueltas en cientos de metros de vendas de lino de hasta veinte capas de espesor.
9. El examen de las momias revela muchas cosas de cuando estaban vivos. Ramsés II tenía un montón de espinillas en la cara, Ramsés III fue un hombre muy gordo, mientras que Seqenenra tuvo un final lamentable. Tenía numerosas heridas en la cabeza, una le había perforado el cráneo, todavía había sangre coagulada en el pelo y el rostro contraído en una mueca de agonía. Algunos pensaron que lo habían asesinado mientras dormía y otros que había muerto en una batalla. De cualquier modo, lo debieron momificar deprisa ya que no le limpiaron bien el pelo.
10. ¡En la Inglaterra victoriana la gente se peleaba por contemplar cómo le quitaban las vendas a una momia! El doctor Pettigrew del Real Colegio de Cirujanos daba sesiones populares de cómo se quitaban. En una fría noche de enero, incluso se llenó el aula y gente muy importante se quedó fuera, ¡hasta el arzobispo de Canterbury! Después de la *representación* se repartían refrescos como si fuera una sesión teatral. Una de las momias de Pettigrew resultó falsa. Debajo de los vendajes sólo había trapos y palos.
11. El duque de Hamilton quedó tan impresionado por el trabajo del doctor que le pidió que, cuando muriera, lo momificara. Después de veinte años de quitar vendas, Pettigrew tenía la ocasión de vendar una momia. Así lo hizo al morir el duque, el 18 de agosto de 1852. El noble hasta dispuso de un sarcófago de piedra egipcio auténtico. Todavía no ha sido abierto, por lo que ignoramos si Pettigrew era tan bueno momificando como los egipcios.
12. Cuando los egipcios se convirtieron al cristianismo y, más tarde, al islamismo, dejaron de creer que necesitaban su cuerpo terrenal para la otra vida y no momificaron a nadie más.

Cómo se hace una momia

Según lo que nos cuenta el viajero griego Herodoto, creemos que los cuerpos se momificaban como sigue:

ATENCIÓN: ¡Es una operación de lo más asqueroso! ¡No se os ocurra intentarla en la cocina! ¡Ni en la de la escuela!

1. Primero se coge un faraón muerto.
2. Se coloca el cuerpo en una Casa de Belleza, normalmente una tienda ¡donde circule aire fresco!
3. Se desnuda el cuerpo y se coloca encima de una mesa de madera. Es la mesa de embalsamar. El tablero de encima no siempre es de una pieza. Si es de barras separadas, será más fácil pasarle las vendas por debajo.
4. Se extrae el cerebro con un cincel introducido por el orificio izquierdo de la nariz hasta perforar el cráneo.

Primero, con un gancho de hierro,
extraen el cerebro por la nariz.

Herodoto (visitó Egipto en el 455 a.C.)

A veces, los embalsamadores llegaban al cerebro justo por detrás del ojo izquierdo. Para ello usaban un alambre con un gancho en el extremo que hacían rodar para cortar el cerebro en pedazos que extraían a continuación con otro tipo de alambre terminado en una especie de cazoleta. El cerebro se podía tirar (o dárselo al gato. Los egipcios no consideraban que en la otra vida se necesitara).

5. Se llena el cráneo vaciado con una sólida mezcla de natrón y yeso.

¡AY!
¿AY?

6. Se corta la parte de delante. Solía hacerlo un embalsamador llamado «destripador».

> *Sacan todo el contenido del estómago y lo limpian con vino de palma. Después, llenan el espacio con mirra y otras especias. Cosen la abertura. Dejan el cuerpo en un baño de natrón durante setenta días. Lo lavan y lo envuelven de la cabeza a los pies con vendas de fino lino empapadas en cola.*

(Las vendas podían llegar a tener 375 m^2.) Si no se sabe muy bien cuanto es eso, se puede cubrir una pista de baloncesto con lino y casi sobran metros.

7. Si se quiere, se pueden poner entre las vendas papiros (papel) con oraciones y encantamientos escritos, o escribirlos con tinta en las mismas vendas. Esto mantendrá alejados a los malos espíritus, pero no a los ladrones.

8. También se pueden sustituir los ojos por piedras negras pulidas (aunque cuando se encontró a Ramsés IV ¡tenía dos cebolletas por ojos!).

9. Se rellena el cuerpo con trapos de lino para darle la forma y se vuelve a coser. Sólo se deja dentro el corazón. Eso es muy importante porque, cuando el rey llegue a la otra vida, se lo pesarán.

10. Se hace una máscara para la cabeza. Ha de parecerse a la persona cuando estaba viva. También ha de estar cubierta de oro. ¡Hay que asegurarse de que el rey la pague antes de morirse!

11. Se coloca la momia en el sarcófago (o en un sarcófago dentro de un sarcófago, dentro de otro sarcófago).

12. Coloca el hígado, el estómago, los intestinos y los pulmones en un vaso canope (véase la pág. 58); añade natrón y séllalo.

13. Lleva a cabo la ceremonia de abrir la boca de la momia. Si no lo haces, en la otra vida no podrá comer, beber, hablar o respirar.

14. Cierra bien la tapa del sarcófago. Colócalo en una tumba o en una pirámide y séllala. Esto se hace para que no entren los ladrones. (No te preocupes por dejar *encerrada* a la momia. Ella tiene el Ba, el alma, que sale y entra de la tumba cuando quiere. En cuanto la veas, sabrás que es ella. Tiene la cabeza de un hombre y el cuerpo de un pájaro.)

15. Entona un canto fúnebre por el difunto. El canto egipcio decía:

Oh, dioses, dejad entrar a este hombre en vuestra casa.
Dejadle oír, tal como vosotros oís.
Dejadle ver, tal como vosotros veis.
Dejadle estar de pie, tal como vosotros estáis de pie.
Dejadle tomar asiento, tal como vosotros lo hacéis.

(Tendrás que inventarte la música porque no sabemos cómo sonaba la egipcia pero, probablemente, acompañaban el canto con el son del tambor y la pandereta.)

16. Organiza una fiesta de funeral con la mejor comida y los mejores vinos, artistas y músicos. Todo el mundo está invitado, ¡menos la momia!

La momia y el más allá

La momia se colocaba en el sarcófago y el sarcófago en la tumba. El difunto tenía que pasar por un peligroso lugar conocido por Duat, lleno de cosas amenazadoras como monstruos, lagos hirvientes y ríos de fuego. Una serpiente que escupía veneno era especialmente horripilante. Pero todos los peligros podían vencerse con los adecuados conjuros. Por eso era conveniente escribirlos en papel egipcio (los papiros) y dejarlos dentro o al lado del sarcófago. Era lo que se llama *El Libro de los Muertos*.

Si salía con bien de los monstruos, llegaba a las puertas de Yaru (la otra vida egipcia) donde se reunía con sus amigos. Pero primero tenía que pasar la prueba más importante en la Sala de las Dos Verdades.

Se pesaba su corazón, colocándolo en un platillo de la balanza, mientras en el otro estaba la Pluma de la Verdad, que contenía todas las mentiras dichas en la vida anterior. Los tres dioses principales, Osiris, Anubis y Tot decidían el resultado del pesaje.

Si el corazón pasaba la prueba, se permitía al difunto pasar las puertas de Yaru, pero si no, un monstruo espantoso conocido como el Devorador se comía el corazón. El Devorador era parte cocodrilo, parte hipopótamo y parte león.

Cuando el Devorador se había comido el corazón, ¡uno estaba perdido para siempre!

Cómo hacer tu vaso canope

Los intestinos pueden estar bastante pringosos, por lo que es conveniente guardarlos en un envase especial. Los egipcios hacían los suyos con arcilla. Tú puedes hacerlos con una botella de plástico. Necesitarás una botella de jabón líquido, pintura, arcilla de modelar, papel de dibujo, arena (o piedrecillas) y cola.

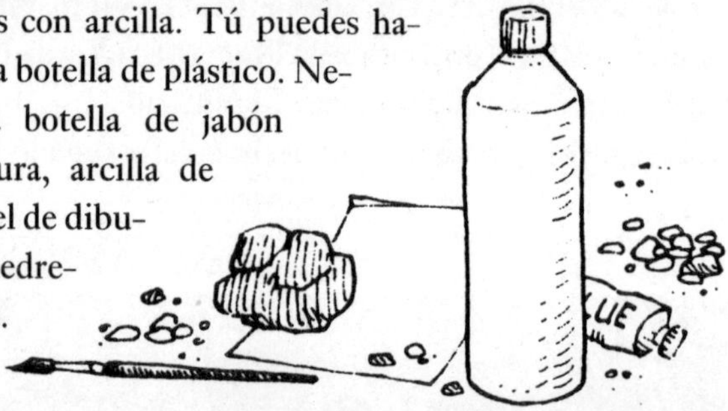

1. Destapa la botella y enjuágala abundantemente.
2. Envuelve la botella con un papel y córtalo a la medida.
3. Decora el papel con jeroglíficos, pinturas y símbolos egipcios. (Ojea el libro y seguro que encontrarás ideas.)

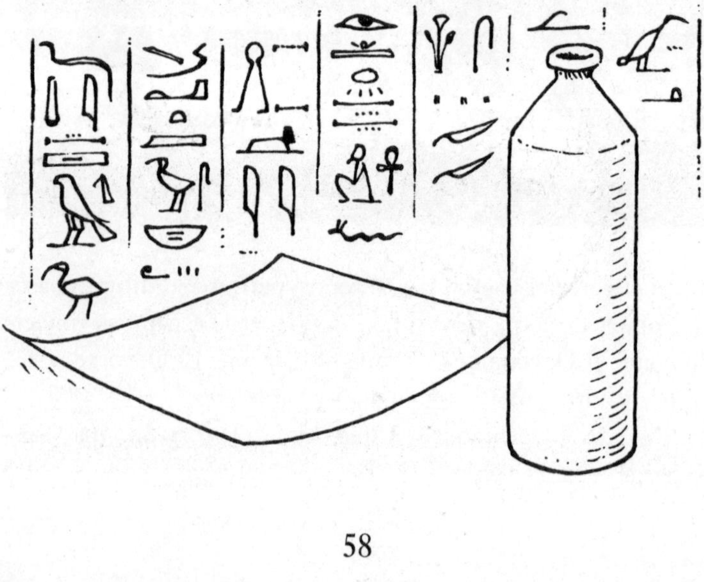

4. Encola el papel a la botella.

5. Mete un poco de arena o piedrecillas en el vaso canope para que se mantenga en pie.

6. Usa la arcilla de modelar para hacer la tapa. Dale la forma de uno de los cuatro hijos de Horus:

Imsety: hombre egipcio que protege el hígado.
Duamutef: chacal que protege el estómago.
Kebehsenuf: halcón que protege los intestinos.
Hapi: babuino que protege los pulmones.

Algunos usos inhabituales (pero ciertos) que se dieron a las momias

Como polvos mágicos

El rey Carlos II de Inglaterra (1630-1685) recogía el polvo que caía de las colecciones de momias y se frotaba con él toda la piel. Creía que le transmitiría *la antigua grandeza* de las momias.

Como combustible

Durante el siglo pasado se excavaron tantas momias que llegaron a carecer de valor. Algunas se hicieron servir como combustible para los trenes de vapor cuando faltaba la madera o el carbón. La gente pobre de Tebas usaba las vendas para encender el horno.

Como adorno

Una caja con una mano o un pie de momia fue un adorno muy popular en las chimeneas victorianas.

En brujería

William Shakespeare lo sabía: una momia es un ingrediente del caldero de las brujas de su obra Macbeth.

En pinturas

Los artistas del siglo XVI creían que añadiendo polvo de momia a la pintura evitarían que ésta se cuarteara al secarse.

GUÍA DE UTILIZACIÓN DE MOMIAS

Como medicamento

Desde principios del siglo XIII de nuestra era hasta bien entrado el siglo XVII, fragmentos de momias egipcias se utilizaban para ser ingeridas por enfermos como medicamento. Se aplicaban a toda clase de enfermedades, como huesos rotos y envenenamientos. A finales del siglo XVI habían salido tantas momias de Egipto que el Gobierno de este país tuvo que prohibir la exportación. ¡Entonces, los vendedores de momias elaboraron falsas momias con los cuerpos de difuntos que encontraban! (Un francés informó que había visto 40 momias falsas en una fábrica de momias.)

En la ciencia

El científico inglés sir Marc Armand Ruffer pensó que podía aprender mucho de las enfermedades de los antiguos egipcios examinando momias. Descubrió que los egipcios sufrían de la mayoría de las enfermedades que seguimos padeciendo.

Para hacer papel

El papel hecho de tela (de trapos) siempre se ha considerado como un papel de alta calidad. Los beduinos, una tribu egipcia errante, robaba momias para venderlas a los fabricantes de papel. El fabricante norteamericano Augustus Stanwood, a finales del siglo XIX, continuaba importando momias para utilizar los vendajes en la fabricación del papel. Las vendas manchadas producían un mal papel para escribir, pero resultaba un papel de envolver muy fino que se vendía a tenderos y carniceros. Una mortífera epidemia de cólera, atribuida a los vendajes de las momias, detuvo en seco el negocio. Murió mucha gente. ¿Quizá se tratara de la venganza de las momias?

¿Para qué usarías *tú* una momia? ¿Para colocarla en un escaparate? ¿Para impedir el paso por la puerta? ¿Como espantapájaros? ¿Como espantamaestras?

MANIQUÍ

ESPANTAPÁJAROS

ESPANTAMAESTRAS

COMO SOPORTE

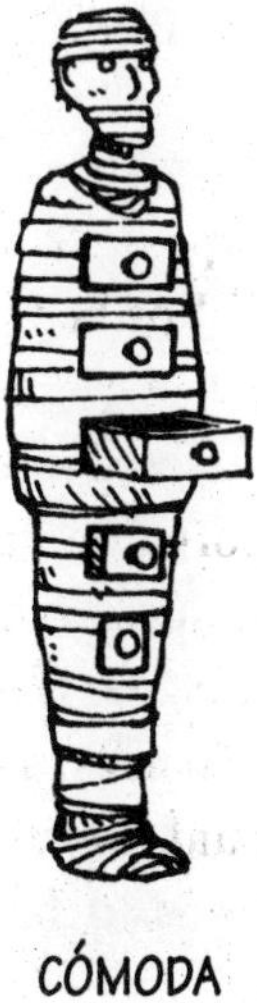

CÓMODA

OSITO DE PELUCHE

¿Las momias daban dinero?

Hubo gente muy rara dedicada al comercio de momias y reliquias egipcias. No eran arqueólogos sino gente que vio la oportunidad de hacer dinero fácil. Gente como:

Giovanni Belzoni

Belzoni medía dos metros y trabajaba en un parque de atracciones de hombre forzudo. Fue a Egipto a vender maquinaria y se dio cuenta de que podía ganar una fortuna vendiendo objetos sacados de las tumbas.

Su éxito más espectacular fue transportar la estatua de Ramsés II a través del desierto, bajarla por el Nilo y llevarla por mar a Inglaterra. Ahora se halla expuesta en el Museo Británico de Londres.

Antes de dejar Egipto, alguien preguntó a Belzoni:

–¿Acaso les faltan piedras en Europa que ha de venir aquí a llevarse las nuestras?

–No –replicó Belzoni–, pero preferimos las de clase egipcia.

Pero incluso ni Belzoni hubiera podido salirse con la suya con alguien tan sospechoso como:

Ginger

Probablemente recuerdas a Ginger de la página 49. Existe un asombroso rumor acerca de él.

El Museo Británico había empezado una colección de momias. Ya poseían las bien conservadas de las tumbas, pero deseaban algunas de los días anteriores a los grandes faraones y sus pirámides. Sabían que también se habían conservado cuerpos de gente normal enterrados en la arena del desierto. Pero ¿cómo encontrarlos?

Conocían a un comerciante de antigüedades egipcias que no tardó en encontrarles uno de aquellos cuerpos con cabellera marrón-rojiza. Por eso le llamaron Ginger (en inglés «pelirrojo») y, como tal, puede verse aún en el Museo Británico.

Pero daba la casualidad de que aquel comerciante egipcio tenía fama de recurrir a la falsificación cuando no podía atender la petición de algún museo.

No podemos pensar que «fabricó» un cadáver. Tampoco podemos pensar que se agenció una víctima acabada de morir para venderla al Museo Británico como una momia de 5000 años de antigüedad.

Claro que no.

Y, sin embargo, ¿quién era el cadáver?

Al parecer, en la época en que Ginger apareció, ¡el hermano del comerciante egipcio había desaparecido!

No vamos a pensar que... ¿verdad que no?

Algo mucho más asqueroso

Cuando el rey Luis XIV de Francia murió en 1715, su corazón fue momificado tal como él había pedido. En el siglo XIX, el deán de Westminster entró en posesión del corazón embalsamado ¡y se lo comió una noche para cenar!

La maldición de la momia

¿Una historia verdadera?

26 de noviembre de 1922

El gran arqueólogo Howard Carter llevaba años buscando la tumba de un faraón que no hubiera sido robada. Las pirámides estaban vacías. Hacía siglos que sus tesoros habían sido robados, pero se tenía la esperanza de que las tumbas del Valle de los Reyes hubieran podido conservarse intactas.

Finalmente, llegaron a la entrada de una cámara sepulcral intacta. Llamó al organizador de la expedición, lord Carnavon, para que fuera testigo de la apertura. Carter lo describe así:

–Con manos temblorosas hice un pequeño agujero en la parte superior de la esquina izquierda. La oscuridad y un espacio vacío, por lo menos hasta donde llegaba la luz de una linterna, indicaba que allí no había nada. Ampliando un poco el agujero, encendí una vela, la introduje por la abertura y miré. Al principio no vi nada. El aire caliente que salía de la cámara hizo oscilar la llama de la vela. Pero a medida que mis ojos se acostumbraron a la penumbra de la estancia, fueron apareciendo los detalles del interior de la sala: animales extraños, estatuas y oro, brillo de oro por todas partes. Me había quedado sin habla de asombro. Lord Carnavon me preguntó ansiosamente: «¿Ve algo?». Me costó un gran esfuerzo poder decir: «Sí. Cosas maravillosas».

Carter pasó años desenterrando el descubrimiento más espectacular y más maravilloso del siglo. Había encontrado la tumba del joven rey Tutankamón Pero ¿había dejado salir algo más que aire caliente de la tumba? ¿Había liberado una maldición de 3.000 años de antigüedad que los antiguos sacerdotes egipcios habían puesto en la tumba para proteger al rey?

La maldición

Las historias se extendieron con rapidez. El día en que se abrió la tumba, los hombres salieron de su interior a la puesta del sol y, así que hubo salido el último, se desencadenó una tormenta de arena que casi tapó la boca de la cueva. Cuando cesó, un halcón desapareció volando hacia el oeste. El halcón era el símbolo de la realeza egipcia y el oeste la dirección de la tierra de los muertos para los egipcios.

Lord Carnavon murió el 6 de abril de 1923, menos de un año después del descubrimiento, a causa de una picadura de mosquito en la mejilla izquierda que se le infectó. Cuando los médicos examinaron la momia de Tutankamón notaron una extraña marca en la cara de la momia, ¡en su mejilla izquierda!

La noche en que lord Carnavon murió en la capital de Egipto, El Cairo, todas las luces se apagaron y la ciudad quedó sumida en la oscuridad. Al mismo tiempo, en Hampshire, en Inglaterra, su perro soltó un aullido y murió. «¡La Venganza de Tutankamón!», murmuró la gente.

En los meses que siguieron, las muertes de otras varias personas que habían visitado la tumba fueron atribuidas a la maldición. Una fue la del príncipe egipcio Alí Farmy Bey, la antigüedad de cuya familia llegaba hasta los faraones. Fue asesinado en un hotel de Londres y su hermano se suicidó.

En 1929, Richard Bethell, el que ayudó a Carter a catalogar los tesoros de Tutankamón, se creyó que se había suicidado. Unos meses más tarde, los periódicos informaron de la muerte de su padre; le llamaron la «decimonovena» víctima.

Hoy lord Westbury, de setenta y ocho años, ha saltado por una ventana de un piso de la planta séptima de su casa de Londres y murió en el acto. El hijo de lord Westbury, el antiguo secretario de Howard Carter, el arqueólogo de la tumba de Tutankamón, fue hallado muerto en su casa en noviembre pasado, aunque parece que se fue a dormir en perfecto estado de salud. No se pudo determinar la causa exacta de su muerte.

Se dice que lord Westbury, unos días antes de morir, escribió: «No puedo soportar más horrores». En un registro del piso desde donde se arrojó, la policía encontró un vaso de piedra. Procedía de la tumba de Tutankamón.

La lista de las muertes siguió creciendo. Cuando Archibald Reid, otro arqueólogo, murió cuando estaba a punto de hacer la radiografía de una momia, los periódicos publicaron con grandes titulares: «¡Inglaterra se estremece!».

La muerte del egiptólogo Arthur Weigall fue calificada como la víctima «21» de la maldición al morir de «fiebre desconocida». Incluso la inusual muerte de un americano llamado Carter fue atribuida a la tumba de Tutankamón.

La maldición se descubre

Howard Carter calificaba los cuentos sobre la maldición de «historias ridículas» y afirmaba que eran para entretener al público.

El mismo Howard Carter vivió hasta el 1939, en que murió por causas naturales. Por ser el primer hombre que entró en la tumba, era el primero que tenía que haber caído víctima de la maldición. Algunos de los ayudantes de Carter vivieron muchos años y el doctor Derry, que examinó la momia de Tutankamón, tenía ochenta y ocho años cuando falleció.

En 1933, el profesor alemán Georg Steindorff investigó el tema de la maldición y descubrió que ni lord Westbury ni su hijo tenían la menor relación con la tumba de la momia, y que Richard Bethell probablemente murió por causas naturales y no por suicidio. Steindorff también demostró que el americano llamado Carter no tenía nada que ver con Howard Carter.

A las momias no se las enterraba con una maldición, sino con un encantamiento destinado a asustar, no a matar, a los enemigos del faraón y a desear un buen viaje al otro mundo del difunto rey.

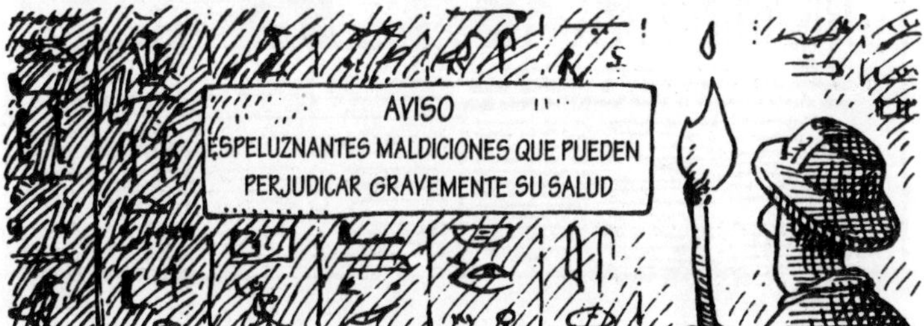

La historia sigue

Sin embargo, es difícil acabar con una buena historia. A la gente le gustan las películas de terror y una momia que camina es el más ideal de los monstruos. En 1966, los periódicos volvieron con el tema. Aquel año, el Gobierno egipcio había decidido prestar los tesoros de Tutankamón a un museo de París. Un conservador egipcio del museo, Mohamed Ibraham, soñó que perecería de una muerte terrible si permitía que los tesoros salieran del país. Protestó sin descanso, pero salió derrotado. El préstamo iba a efectuarse. Pero, al salir, Mohamed fue atropellado por un coche y murió dos días más tarde.

¿Crees en la maldición de Tutankamón?

La mano de la momia

A lo largo del siglo pasado aparecieron montones de historias «auténticas» sobre momias. Ésta es una de ellas. ¡A ver si te la crees!

Lord Carnavon, ¡en el nombre de Dios le ruego que vaya con cuidado! Los antiguos egipcios poseían conocimientos y poderes que nosotros, la gente de hoy día, no puede ni imaginar.

Su afectuoso amigo,
Conde Louis Hamon

Lord Carnavon leyó la carta y estalló en una risotada desdeñosa.

–¡Se necesita algo más que una carta estúpida para impedirme explorar estas tumbas!

A los pocos días, la expedición de lord Carnavon descubría la fabulosa tumba de Tutankamón, ¡y cuatro meses más tarde, lord Carnavon moría! ¿Qué sabía Louis Hamon para escribir aquella carta a su amigo?

Se trataba de su experiencia con la mano de una momia.

3. ASÍ QUE ENTERRARON A LA PRINCESA SIN UNA MANO.
4. LA HORRIPILANTE RELIQUIA, LA MANO, FUE PASANDO DE GENERACIÓN EN GENERACIÓN DE UNA FAMILIA ÁRABE HASTA QUE LA TUVO UN JEQUE.
ME HAS CURADO DE LA MALARIA, HAMON. VOY A HACERTE UN VALIOSO REGALO.
5. Y EL JEQUE LE DIO LA MANO DE LA PRINCESA.
NO PUEDO ACEPTAR UN REGALO TAN VALIOSO.
¡INSISTO!
6. A HAMON Y A SU MUJER LA MANO NO LES GUSTABA NI PIZCA.
¿NO PUEDES DARLA A UN MUSEO?
YA LO HE INTENTADO. NO LA QUIEREN.
7.
ENTONCES LA GUARDARÉ EN LA CAJA FUERTE.
8. PERO EN OCTUBRE DE 1922 LOS HAMON ABRIERON LA CAJA Y RETROCEDIERON HORRORIZADOS.
NO ESTÁ MOMIFICADA. ESTÁ TAN SUAVE Y NORMAL COMO LA MÍA.

9.
¡DESTRÚYELA!
NO. MERECE UN FUNERAL COMO ES DEBIDO.
10. Y EL 31 DE OCTUBRE, DÍA DE HALLOWEEN, HAMON LEYÓ UNAS ORACIONES DE UN ANTIGUO LIBRO DE LOS MUERTOS.
11. PERO AL CERRAR EL LIBRO, LA CASA QUEDÓ A OSCURAS. UNA RÁFAGA LA SACUDIÓ.
12. UN VENDAVAL ABRIÓ LA PUERTA DE GOLPE. LOS HAMON CAYERON AL SUELO. EN LA PUERTA APARECIÓ UNA MUJER EGIPCIA.
13.
¡MIRA! ¡NO TIENE MANO!
14. LA FIGURA SE INCLINÓ SOBRE LA MANO Y DESAPARECIÓ.

15.
¿Y LA MANO?
¡NO ESTÁ!
16. NUNCA MÁS VIERON LA MANO. HAMON DECIDIÓ AVISAR A SU AMIGO.
DEBO ESCRIBIR A CARNAVON.
PERO CARNAVON NO LE CREYÓ Y MURIÓ.

Repugnantes ladrones de tumbas

¿Cuál fue el poder de los ladrones de tumbas? ¡El de cambiar la historia de Egipto!

Los faraones construían pirámides para tener a salvo sus momias. Pero los ladrones entraban en las pirámides y robaban todo lo de valor enterrado junto con el faraón. Así que los faraones construyeron pirámides más grandes y asombrosas. Pero los ladrones siguieron entrando. Las robaban todas.

Al final fue el faraón el que cedió. Se dieron cuenta de que una pirámide era como un gigantesco aviso de piedra que dijera: «¡Aquí hay un montón de pasta!». El único medio era ocultar las tumbas y hacerlas en cuevas ocultas entre las rocas.

Así que, a causa de los ladrones, los faraones dejaron de construir pirámides. Pero en la secular batalla entre constructores de pirámides y ladrones de pirámides, no siempre las cosas les salieron bien a estos últimos.

La venganza de la momia

El hombre ha alcanzado por fin su objetivo. El sarcófago de piedra yace ante él. ¿Contendrá riquezas infinitas, oro suficiente para vivir con prosperidad toda su vida?

La tapa del sarcófago es pesada. Lucha denonadamente para moverla. Sus jadeos resuenan en la tranquila atmósfera de la tumba. Polvo y piedrecillas caen del techo. Finalmente, aparece una rendija y hace una pausa para descansar, satisfecho de su trabajo. Vuelve a la tarea con renovada energía. La rendija se hace más grande. En su excitación no se fija en las piedras que caen del techo de caliza.

Otro empujón a la tapa. Un crujido temible suena en la tumba. Alarga una mano hacia el sarcófago y se oye otro crujido aún más grande, pero que no procede de la tapa sino del techo. El camino que se ha abierto hacia la cámara lo ha debilitado y la maciza losa del techo empieza a desplomarse.

Intenta retirar la mano, pero es demasiado tarde. Pronto advierte que su codicia lo va a matar. La losa cae y lo aplasta. Su avariciosa mano sigue en el sarcófago en el momento de morir.

Y así lo encuentran los arqueólogos en 1970 al apartar la piedra de la entrada. Un esqueleto envuelto en lo que parece un abrigo y con una mano en el sarcófago. En el bolsillo del abrigo encuentran algo que los asombra y que les dice la fecha exacta de la muerte del ladrón.

¿Qué encontraron? Los restos de un periódico. El ladrón fue atrapado en 1944. *¡Sí, sí, en nuestra era!*

Guía para el ladrón de tumbas

Colócate en aquella época, unos miles de años atrás. Caminas por el antiguo Egipto y te has quedado sin una sola moneda de cobre. Te propones robar una pirámide o una tumba en las rocas (y salir con bien). He aquí algunas recomendaciones:

1. Recuerda la pena por ser cazado robando una tumba: la tortura y la muerte. ¡Cuidado!
2. Gasta un poco de dinero antes. Al fin y al cabo, después serás fabulosamente rico. Asegúrate de que tienes a la policía de tu lado. Hazte amigo de ellos aunque te cueste dinero.
3. Consigue una banda de siete u ocho compañeros, cada uno con un oficio distinto. Puedes contratar:

Un par de expertos picapedreros para abrir el camino con el cincel.

Un herrero para fundir el oro y la plata.

Un barquero para llevaros y traeros de la tumba y vigilar.

Porteadores de agua para los picapedreros y para trabajar.

4. Si es posible, entra en la tumba por la parte posterior. Así, los sacerdotes tardarán en descubrir el robo porque verán los sellos de la entrada intactos. ¡Creerán que la momia está a salvo igual que vosotros!
5. Soborna a todos los que se relacionan con la tumba:

El constructor de sarcófagos. Cuando los fabrica puede convertir la parte de atrás en una trampilla. Así no tendrás que romper los sellos de la tapa, sino sacar la momia arrastrándola por la trampilla.

El sellador de la tumba. Su trabajo es sellar las tres puertas de la tumba. La familia vigilará que selle la última, pero si le pagas, puede dejar las dos primeras sin sellar. Así, después, tendrás menos trabajo.

Los guardianes de la tumba. Su trabajo es muy aburrido y una propinilla les alegrará la vida. Has de dejar la tumba como la has encontrado, claro. Ellos pueden fingir que la siguen vigilando, aunque ya la hayas vaciado.

Los sacerdotes. Son ricos. Tendrás que prometerles un montón de pasta si «miran a otra parte» mientras violas la tumba.

La policía. Si se corre la voz de que has robado una tumba, vendrán a detenerte. Hay que sobornarlos antes. Así pueden mentir a tu favor y decir «hemos comprobado la tumba y está intacta».

6. Aprender los «trucos del oficio». Por ejemplo, una rápida manera de apoderarse del oro de una tumba es ¡pegarle fuego! La madera se reduce a cenizas y el oro se funde. Cuando se enfría y solidifica, basta con escarbar entre las cenizas y llevárselo. ¡Fabuloso!

7. Haz un trato con los mercaderes. Te comprarán los objetos robados sin hacer preguntas incómodas ni traicionarte. (En el siglo XX, estos comerciantes se llaman peristas.)
8. No gastes de repente grandes cantidades de tu tesoro. Muchos ladrones de tumbas se delatan por su riqueza inesperada. Los demás querrán saber de dónde la has sacado.
9. Aprende cómo son las tumbas por dentro, con todos sus corredores, como un constructor de tumbas. En realidad muchos constructores de tumbas fueron después los ladrones. Cuando el sueldo se retrasaba, pasaban hambre. Intentaron declararse en huelga y presentarse en manifestación ante las casas de los oficiales de la administración cantando: «¡Tenemos hambre! Tenemos hambre!». Pero cuando no les hicieron caso, robaron las tumbas que habían ayudado a construir.

10. Y lo mejor de todo: ¡Roba el cuerpo antes de que lo entierren! Alguien, en una ocasión lo hizo con el de la madre de un gran faraón egipcio. Quizás ocurrió así:

¡He perdido mi momia!

Keops era un hombre vanidoso. Hay que confesarlo. Como a los faraones se les enterraba en esa maravilla que eran las pirámides, la de Keops tenía que ser la mejor.

–Quiero que mi pirámide sea la más grande. Quiero la más enorme que jamás se haya visto en Egipto. La mayor que nunca haya visto el mundo.

–Claro, majestad. –El primer ministro Yuseff sonrió con una reverencia–. La pirámide más grande para el faraón más grande. Me encargaré personalmente de que así sea –prometió.

Así él sería el hombre más importante de Egipto, después de Keops, claro, pero Keops era fácil de manejar.

–¡Yuseff, la quiero segura! Quiero poder descansar en ella sin que ningún ladrón destruya mi vida en el otro mundo.

–Será la tumba más segura que nunca se haya construido, majestad –prometió el primer ministro.

–¡Y la más grande! –le recordó Keops.

–Y la más grande.

Yuseff se inclinó y salió a cumplir el encargo.

La madre de Keops, Heteferes, suspiró.

–No viviré lo suficiente para verla acabada, hijo mío.

–En esta vida quizá no, pero la verás desde la otra vida y algún día yo me reuniré allí contigo –prometió Keops.

–Si lo permiten los ladrones, hijo mío.

–¡Los ladrones jamás entrarán en mi tumba! –declaró Keops.

Heteferes soltó una tosecilla discreta.

–Me refería a *mi* tumba, no a la tuya, hijo mío.

Keops se puso en pie.

–¡Madre, juro por todos los dioses que tu tumba será tan segura como la mía!

–Así lo espero –replicó Heteferes con un triste movimiento de cabeza–. Así lo espero.

La Gran Pirámide de Keops creció y los años pasaron como las arenas del desierto bajo el viento cálido del Sahara y Heteferes murió.

Keops la lloró. Le organizó un funeral casi tan magnífico como sería el suyo propio. Millares de personas se amontonaron en las polvorientas calles de Dasur para ver el último viaje de Heteferes a su última morada. Millares de ojos vieron los torsos rebosantes de alhajas, las estatuas de plata y oro, las figuras talladas en piedras preciosas y la vestimenta dorada que acompañaba a la vieja reina a su tumba. Miraron y anhelaron aunque sólo fuera una diminuta parte de aquel tesoro.

La tumba fue cerrada con unas piedras enormes y guardada noche y día. Nadie podía entrar en ella. Pero alguien lo hizo.

Yuseff llevó la terrible nueva a Keops.

–¡Imposible! –gritó el rey–. ¡Se lo prometí! Le prometí que su tumba sería segura. Sin su cuerpo, no puede entrar en la otra vida. –De repente se volvió furioso contra el primer ministro–: ¡Quiero la vida de todos los responsables!

–El cuerpo se ha salvado, majestad –replicó Yuseff con suavidad–. No hay necesidad de matar a nadie.

–¿Se ha salvado?

–El sarcófago sigue intacto –aseguró Yuseff con calma.

–¡Gracias a Isis y Osiris! –murmuró el rey–. Pero no debe volver a ocurrir. Hemos de encontrar un segundo lugar de reposo. Secreto. Cerca de mi Gran Pirámide. La mayor parte de su tesoro todavía está dentro del sarcófago.

–Lo sé, majestad, lo sé –sonrió Yuseff–. Tengo un plan perfecto.

El plan de Yuseff era inteligente. Tan inteligente y tan secreto que el sarcófago de Heteferes permaneció oculto durante 3.000 años. Los ladrones de tumbas y los arqueólogos sabían que el cuerpo fue sacado de la primera tumba y llevado a otra parte. Hubo gente que se pasó la vida entera buscándolo.

No encontraron nada hasta que un fotógrafo que retrataba los trabajos de unos arqueólogos cerca de la Gran Pirámide de Keops, colocó el trípode de su cámara sobre la roca. Una pata del trípode se hundió, pero en una roca no debería hundirse.

Los arqueólogos cepillaron con cuidado la arena de la superficie. No era roca. Era yeso que ocultaba diestramente la entrada a un pozo taponado con bloques de piedra. Las sacaron una a una. El pozo era profundo y cortado en la misma piedra. Resultó un gran trabajo de minería a cargo de los obreros de Keops.

Finalmente, a treinta metros de profundidad, los arqueólogos llegaron a la cámara sepulcral. Las piezas de madera se habían convertido en polvo, pero el gran sarcófago de piedra seguía intacto, tal como Keops lo había visto momentos antes del enterramiento secreto.

En la sala de la tumba sólo cabían ocho personas que fueron las únicas presentes en la apertura del féretro, anhelantes por contemplar la momia más antigua jamás encontrada, enterrada 2.500 años a.C.

Pero sólo había dos brazaletes de plata, un resto muy pobre de las fabulosas riquezas de la reina Heteferes y ninguna momia.

Sin embargo, era una tumba sin violar. El pobre Keops había enterrado un féretro vacío. Quizás aún sigue buscando su momia por la otra vida, y quizás el muy astuto primer ministro le contempla siempre sonriente.

Los ladrones de tumbas actuales

Los sacerdotes egipcios se deslizaban silenciosos en una oscura noche sin luna. Sus sirvientes llevaban una carga asombrosa: ¡30 momias! Pero los sacerdotes no eran ladrones de tumbas, sino quienes las rescataban.

Los ladrones invadían el Valle de los Reyes y despojaban las tumbas de sus riquezas. Pero no contentos con llevarse el oro y la plata, despojaban a las momias de sus vendajes en busca de las joyas que hubieran debajo. Todo el mundo conocía a los ladrones, pero no se podía hacer nada. Estaban relacionados con gente poderosa. Cuando los detenían, eran soltados a los pocos días.

Los leales sacerdotes sólo podían hacer una cosa para salvar a sus queridos reyes y reinas. Trasladarlos. Así, en una operación secreta, se llevaron las momias de los reyes más importantes de sus tumbas violadas y las colocaron juntas en un lugar oculto, en las profundidades del valle rocoso.

Arreglaron los vendajes, colocaron placas nuevas y los pocos tesoros salvados con ellos. Sellaron las tumbas y disimularon la entrada. Así se mantuvieron a salvo de los ladrones durante miles de años.

Los historiadores conocían la existencia de 30 grandes reyes y reinas pero los arqueólogos no podían encontrar dónde habían sido enterrados. De repente, en 1880, una banda de ladrones solucionó el misterio.

La historia de Mohamed

Mohamed estaba agotado. Tenía los pies llagados y el cuerpo lleno de heridas. Avanzó vacilante por la calle hacia la casa de su hermano donde entró casi desplomándose. Su hermano mayor Amed, le trajo una silla y una taza de café fuerte.

–¿Les has dicho algo? –preguntó.

Mohamed le miró con fiero y orgulloso reproche.

–La policía me ató, me tiraron al suelo de una celda y me golpearon las plantas de los pies hasta sentirlos como en llamas.

–¿Pero les dijiste algo? –insistió su hermano.

–¡Ni una palabra! –siseó Mohamed–. Querían saber de dónde había sacado el dinero que tenía. Les dije que de mi trabajo. Volvieron a golpearme. Me preguntaron lo que sabía de los ornamentos robados de las tumbas. Les dije que nada. Volvieron a pegarme.

–Eres muy valiente, Mohamed –dijo un hermano menor sonriendo.

–He salvado vuestras miserables pieles –se burló Mohamed.

–Te estamos agradecidos –declaró Abdul con un movimiento afirmativo de la cabeza.

Mohamed se inclinó hacia delante.

–¿Cuán agradecidos?

–¡Muy agradecidos!

–Quiero decir cuánto dinero vale mi silencio –aclaró Mohamed mientras bebía el fuerte café negro.

Los hermanos se encogieron de hombros.

–Siempre hemos compartido el dinero. Nos repartimos a partes iguales lo que conseguimos.

–En el futuro quiero la mitad –exigió Mohamed.

Los hermanos se miraron entre sí. Uno soltó una risita, otro se le unió y los cuatro hermanos de Mohamed no tardaron en estallar en una carcajada general. Cuando pudo hablar, Amed dijo:

–Olvidas que fui yo quien encontró la tumba con 30 momias en 1871. ¡Si alguien merece la mitad, ése soy yo!

–Y si tú no hubieras sido tan avaricioso al vender tantas piezas a la vez, la gente del museo no habría puesto a la policía sobre aviso –replicó Mohamed–. ¡Quiero más! ¡Lo he pasado muy mal!

Amed se puso en pie repentinamente serio.

–¡No!

Mohamed tiró la taza al suelo y dio un portazo al salir.

–Ahora verán –murmuró.

Se alejó cojeando. A los pocos minutos, llamaba a la puerta del director del museo.

–¿El señor Maspero? –preguntó.

–Está fuera. Yo soy su ayudante, Emil Brugsch. ¿Puedo ayudarte en algo?

–No, pero yo sí que puedo ayudarle a usted.

Y Mohamed contó su historia. Brugsch escuchó en silencio el relato de cómo Amed había hallado la tumba buscando una cabra que lo condujo a la entrada empinada de una especie de túnel. Cuando volvió con una linterna, encontró una cámara sepulcral con 30 momias y sus tesoros.

Los tesoros pertenecían al museo egipcio y su venta era ilegal. Comunicó a sus hermanos el hallazgo y, durante más de diez años, estuvieron vendiendo piezas en secreto a los coleccionistas.

–¿Me llevarás a esa cámara sepulcral? –preguntó Brugsch.

Mohamed asintió.

–La última vez que tuvimos problemas, Mr. Pawar, el alcalde de Tebas Occidental, habló en favor nuestro. Luego le pagamos, claro. ¿Está seguro de que no iré a la cárcel, Mr. Brugsch?

Éste se echó a reír.

–Mohamed, si lo que me has contado es cierto, ¡no sólo no irás a la cárcel, sino que serás considerado un héroe de Egipto!

–Los tesoros robados...

–No importan. Son las momias las que nos interesan. ¿Vamos?

Brugsch halló la tumba pero tuvo que librar una lucha encarnizada para llevarse las preciosas momias. La gente de los pueblos de los alrededores habían oído contar el suceso y querían impedir que los arqueólogos se llevaran los cuerpos de sus reyes. Cuando bajaban por el Nilo hacia el Museo del Cairo, la gente, agolpada en las orillas, lloraba y se llenaba la cabeza de polvo, tal como hacían sus antepasados miles de años antes.

Durante el viaje, los ladrones asaltaron el navío e intentaron llevarse los tesoros, pero esta vez, estaban debidamente custodiados. Finalmente llegaron al puerto seguro del Museo de El Cairo. ¿Y qué crees que le ocurrió a Mohamed?

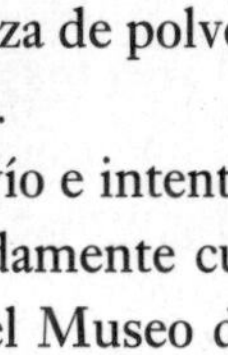

A. ¿Fue encarcelado?
B. ¿Le dieron 500 libras de recompensa?
C. ¿Lo ejecutaron?
D. ¿Le dieron un cargo en las excavaciones?
E. ¿Lo mató una maldición de las momias?

Respuesta: B y D.

El maravilloso río

¿Qué tiene que ver el Nilo con las pirámides?

Todo. Sin Nilo, no hay pirámides.

África del Norte solía ser una rica tierra de pastos. La parte que ahora es Egipto estaba cubierta por las aguas, pero hace unos nueve mil años, la región empezó a secarse y la gente la fue ocupando. Sin embargo, se secó tanto que la gente se agolpó a vivir en ambas orillas del Nilo. Pero ¿cuál fue la causa?

Te damos cuatro claves. ¿Podrás darte cuenta del modo que cada una de ellas condujo a la construcción de las pirámides?

1. Todos los años, el Nilo, al desbordarse, dejaba un limo fértil donde los campesinos plantaban sus cosechas. Pero es evidente que, mientras la tierra estaba inundada, no podían cultivarla.
2. El área más allá de la parte que el Nilo inundaba, se convirtió en un desierto que cerraba el paso a cualquier invasor, con lo que Egipto se quedó aislado del resto del mundo sin vecinos molestos.
3. Los campesinos no conocían el transporte sobre ruedas, pero con la inundación, con sus casas incomunicadas, aprendieron a construir embarcaciones.
4. Las lluvias que caían en los bosques tropicales de África, provocaban la inundación del Nilo. Como la gente no conocía la lluvia, tomaba la súbita llegada de las aguas dadoras de vida como un don mágico. A continuación, se indican los cuatro lados de la pirámide que explican la relación entre el Nilo y las pirámides.

1

EL NILO
SIGNIFICA CUATRO
MESES DE INUNDACIÓN
POR TANTO...
LOS CAMPESINOS NO PUEDEN
TRABAJAR
Y COMO...
QUEDAN MILES DE HOMBRES A DISPOSICIÓN DEL REY
POR TANTO...
EL REY PUEDE IMAGINAR PROYECTOS PARA ESTOS TRABAJADORES
Y COMO...
CREE QUE EL PROYECTO MÁS IMPORTANTE ES SU TUMBA
DECIDE...
¡CONSTRUIR UNA PIRÁMIDE!

2

DESIERTO
SIGNIFICA QUE
EL PAÍS QUEDA AISLADO...
POR TANTO...
NADA DE LARGAS GUERRAS CON NINGÚN
VECINO...
Y COMO...
NO SE NECESITA NINGÚN GRAN EJÉRCITO PARA DEFENDER EGIPTO...
SUCEDE QUE...
LOS TRABAJADORES NO NECESITAN CONSTRUIR DEFENSAS
Y COMO...
QUEDA TIEMPO DE SOBRA PARA CONSTRUIR GRANDES MONUMENTOS, EL REY
DECIDE...
¡CONSTRUIR UNA PIRÁMIDE!

3

EL NILO
SIGNIFICA
INUNDACIONES MÁGICAS
POR TANTO...
ALGUIEN DEBE ENVIARLAS
PORQUE...
ALGUIEN POSEE EL PODER DE UN DIOS
Y COMO...
EL REY AFIRMA QUE EL DIOS ES ÉL Y LLEVA A CABO LAS CEREMONIAS DE LA
INUNDACIÓN
POR TANTO...
SERÁ MEJOR MANTENER AL REY SATISFECHO EN ESTA VIDA Y EN LA OTRA
POR ESO...
¡CONSTRUYEN UNA PIRÁMIDE!

4

EL NILO
SIGNIFICA
CONSTRUCTORES EXPERTOS
DE EMBARCACIONES
Y COMO...
SE HAN DE TRAER GRANDES PIEDRAS DESDE MUY
LEJOS
Y...
LAS GRANDES PIEDRAS HAN DE SER TRANSPORTADAS POR EL NILO
Y...
LAS CANTERAS DE ESTAS PIEDRAS HAN DE ESTAR CERCA DEL NILO
Y COMO...
PUEDEN CONSTRUIRSE GRANDES EDIFICIOS DE PIEDRA CERCA DEL RÍO EN UN PAÍS QUE NO CONOCE LA RUEDA
DECIDEN... ¡CONSTRUIR UNA PIRÁMIDE!

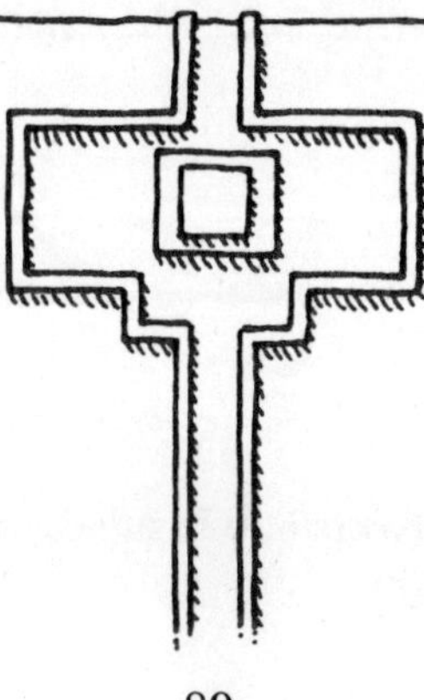

Deja boquiabiertos a tus amigos con tus conocimientos del Nilo

1. El Nilo, desde la primera catarata al Mediterráneo, tiene un monumental recorrido de 960 km.
2. Tres ríos van a parar al Nilo: el Atarba, del Sudán; el Nilo Azul, de Etiopía; y el Nilo Blanco, de Uganda.
3. La inundación del Nilo llega cada año casi en las mismas fechas, a mediados de junio. Unas marcas en las rocas de la orilla señalan la altura a la que llega cada año. Estas rocas marcadas se llamaban «nilómetros»
4. Las aguas empiezan a bajar en octubre.
5. La inundación no sólo aporta agua, sino que deja una rica capa de limo negro, o barro, que conserva la fertilidad de la tierra. Por eso los egipcios llamaban a su país «Keme», la Tierra Negra. Obtenían una gran variedad de cosechas.
6. En noviembre aparecían las primeras plantas que crecían a medida que las aguas bajaban. Un visitante romano, Plinio, escribió:

   Una subida de 12 ells significa hambre (1 ell era 1,5 m aprox.).
   Una subida de 13 ells significa sufrimiento.
   Una subida de 14 ells significa felicidad.
   Una subida de 15 ells significa seguridad.
   Una subida de 18 ells significa el desastre.

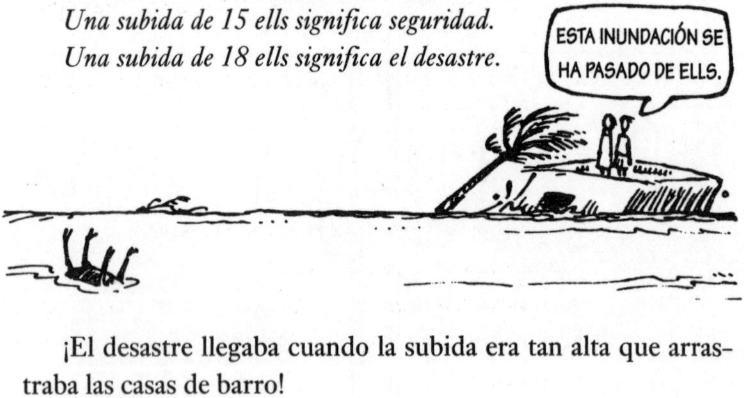

¡El desastre llegaba cuando la subida era tan alta que arrastraba las casas de barro!

7. Herodoto, un viajero griego, escribió:

Cuando las aguas del Nilo suben,
la tierra se convierte
en un vasto mar en el cual las ciudades
parecen islas.

8. El Nilo fue la carretera principal de Egipto. La mayoría de los grandes viajes se hacían por barco.

9. Las inundaciones del Nilo se han terminado. Una enorme presa (inaugurada en Asuán en 1971) las controla. Pero la presa ha creado un problema inesperado: sin inundación, no hay limo. El suelo se agota y los campesinos actuales han de comprar fertilizantes químicos para sustituir los nutrientes que el Nilo aportaba gratuitamente todos los años.

10. Al Nilo le escribieron poemas y cantos. Un sacerdote compuso esta canción:

Salud, oh Nilo.
Has venido a alimentar a Egipto.
Cuando tú te desbordas, la tierra se regocija.
¡Alegría cuando llegas, oh Nilo!
¡Alegría cuando llegas!
Tú que alimentas hombres y animales.
¡Alegría cuando llegas!

(Puede que no sea una gran canción pop, pero ha durado 3.000 años.)

11. El desierto empezaba donde acababa la línea de inundación. La diferencia era tan clara que una persona podía tener un pie en la zona verde y otro en el desierto. A éste le conocían como «Dashre», la Tierra Roja.

12. El año egipcio se dividía en tres estaciones basadas en el ritmo del Nilo: Inundación, Cultivo y Cosecha.
13. Cada año, los campesinos tenían que construir y reparar los canales de riego. Formaba parte del impuesto que recaudaba el faraón. El castigo por intentar escaparse de trabajar en los proyectos del faraón era el apaleamiento. No se podía huir, porque si no se encontraba al fugitivo, toda la familia era castigada en su lugar.
14. Cuando el río bajaba, «atrapaban» parte del agua en pequeños embalses construidos a tal efecto. Así los campos contaban con una reserva de agua que hacían subir por medio de un shaduf, una especie de trípode que sostenía un palo en uno de cuyos extremos había un peso y en el otro un cubo que hacían bajar hasta el agua. Este invento suponía que un hombre podía hacer subir centenares de litros en un día. Eran tan fáciles de manejar y tan prácticos que aún se usan actualmente. Puedes probar a construirte uno.

Encandila a tus amigos con un shaduf

Los campesinos egipcios hacían el shaduf con tres palos. Puedes construirte uno como los de verdad con unos palitos.

1. Busca tres palos de unos 20 cm. Átalos juntos, pero no demasiado fuerte, a unos 3 cm de distancia de la parte superior. Deja un pedazo de cuerda después del nudo.

2. Coloca los palos de pie y los abres de manera que formen un trípode (véase el primer dibujo). Clava los extremos en una pastilla de plastilina para que la estructura se mantenga firme.

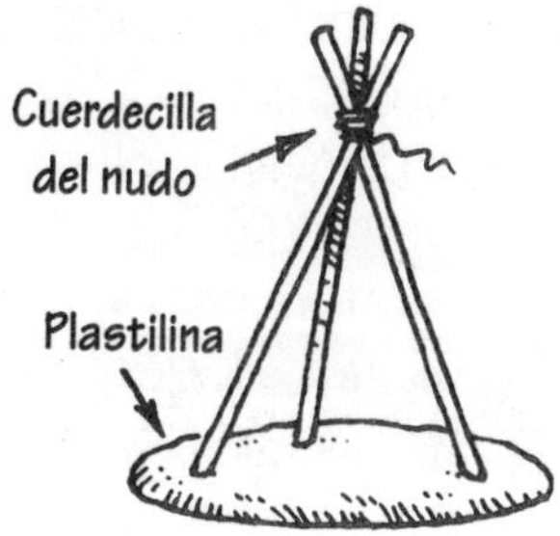

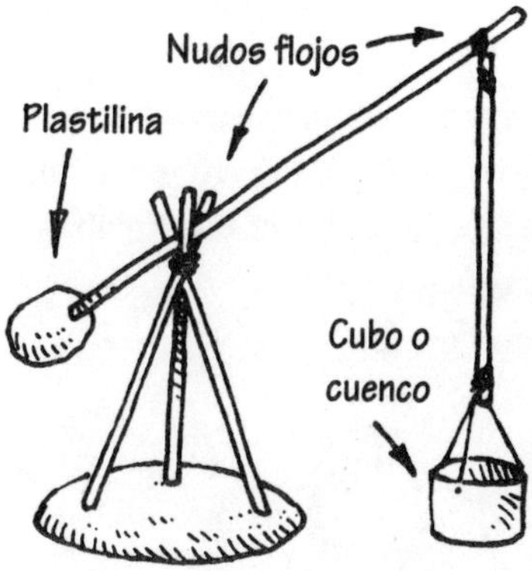

3. Busca otro palo, éste de unos 35 cm, que será la palanca. Con la cuerdecilla del nudo, átalo a la parte superior de la estructura a unos 12 cm del extremo (véase el segundo dibujo).

4. Contrapesa el extremo corto del palo con una bola de plastilina. Ata otro palo de unos 15 cm al otro extremo de la palanca.

5. Ahora necesitas algo que sirva de cubo. El fondo de una botella de plástico o un cuenco del mismo material servirá. Haz tres agujeros en el borde y sujétalo al palo que cuelga de la palanca.

Felicidades. ¡Acabas de construir un invento sencillo pero asombroso!

Una galería de dioses

¡Menuda vida! ¡Pasársela pensando continuamente en la muerte! Para los egipcios, la muerte era un problema terrible. Ansiaban morir para llegar al mundo espiritual que los sacerdotes les prometían.

No era tan bueno como la «tierra de los dioses» adonde iban los faraones difuntos, pero era mejor que la tierra. Incluso sabían que ese mundo espiritual estaba en el cielo, justo sobre el horizonte, al occidente.

¡Por la rodilla izquierda de Anubis! ¡Había un número terrible de dioses a los que los egipcios habían de tener contentos! Y sólo con que uno se enfadara, menudo montón de problemas le caía al infeliz. (Eeeeh, perdona Anubis. Tu rodilla izquierda me parece bellísima.)

Además, los dioses eran increíblemente viejos. Existían antes de la aparición del ser humano y trataban a éste como si fuera una combinación de muñeco y criado. Los dioses controlaban el mundo y todo lo que ocurría, y exigían respeto.

Trata de contentar a éstos como mínimo:

Ra: dios Sol. Algunos decían que había creado al ser humano. Los egipcios se llamaban a sí mismos «el rebaño de Ra».

Horus: dios con cabeza de halcón que cuidaba del faraón.

Sejmet: diosa leona de la guerra.

Hator: diosa del amor con astas de vaca. También lo era de la felicidad, la danza y la música.

Pta: divinidad que dio nombre a todas las cosas del universo y, al hacerlo, les otorgó la existencia. (Bonito truco, ¿eh? Ojalá yo pudiera hacerlo: helados, un viaje a Port Aventura...)

Isis: esposa de Osiris. Cuidaba especialmente de las mujeres y de los niños.

Bes: dios enano de la felicidad y protector de la familia.

Anubis: dios con cabeza de chacal. Ayudaba a preparar las momias.

Osiris: dios de la muerte y de la resurrección, del mundo subterráneo y de la Tierra. En el principio de los tiempos, enseñó la agricultura a los hombres.

Respuestas fabulosas a preguntas profundas

¿A qué dios deberías rezar? Llena los espacios con su nombre.
Oh, gran .... en mis tierras no hay agua y mi cosecha se muere.

Suprema .... mi hijo menor murió de fiebres hace tres meses. Desde entonces mi mujer se muere de tristeza. Ayúdala a recuperar la alegría.

Oh, sabiduría suprema .... mi hijo quiere ser escriba pero le cuesta tanto aprender los jeroglíficos que los maestros amenazan con echarlo de la escuela. Las palizas no han dado resultado.

Otórgame fuerza, oh vengativo .... Unos malhechores procedentes de la Tierra Roja han atacado nuestro pueblo. Ayúdanos a derrotarlos.

Oh, poderoso .... mi esposo ha muerto y he gastado la mayor parte de mis ahorros en momificarlo. Ayúdale a llegar al mundo espiritual.

Oh .... protectora del amor, estoy locamente enamorado de una hermosa muchacha, pero ella se ríe de mi forma de bailar. Soy espantosamente torpe y tropiezo con mis propios pies.

Rezar como un egipcio

Ésta era la historia que creían todos los egipcios:

Osiris era un espléndido rey. Así lo creían todos, o casi todos. Era amado por su real esposa, Isis, y por todo el pueblo, o por casi todo. Set, el hermano de Osiris, le odiaba, estaba celoso de él. Así que pasaba el tiempo conspirando y haciendo planes sobre la manera de matar a su hermano y salir con bien, claro.

¿Y si el cuerpo de Osiris desapareciera para siempre jamás? ¡Exacto! Tenía que asegurarse de que nadie lo encontrara.

Un trabajo verdaderamente repugnante, pero Set tenía que hacerlo. Primero mató a Osiris y después cortó el cuerpo en 14 pedazos que dispersó por las orillas del Nilo para que los cocodrilos acabaran de hacerlos desaparecer.

Sin embargo, el plan le falló. Isis fue a todas partes recogiendo los 14 trozos del cuerpo de su esposo y los reunió con mucho cuidado. A continuación lo envolvió con vendas de lino para conservarlo de una pieza. Osiris se había convertido en la primera momia egipcia.

Pero Isis aún no había terminado. Llamó en su auxilio al dios Anubis que insufló de nuevo la vida a Osiris, pero como éste no podía volver a la tierra como un hombre, se fue a la otra vida como dios de los muertos.

Anubis se convirtió en el dios de la conservación de los cuerpos para la otra vida; Isis, en la que protegía a los muertos; ¿y Set? Set se las tuvo que ver con Horus, el hijo de Osiris e Isis. En el transcurso de una larga y fiera batalla, Set logró sacar un ojo a Horus, pero al final éste venció. Set fue arrojado para toda la eternidad a las profundidades espantosas de la muerte.

Horus se convirtió en protector de los vivos. Y, a través de su cuenca vacía, los muertos podían ver.

Hechiza a tus amigos

Los egipcios creían en estas historias y eran muy supersticiosos. También creían en hechizos de la buena suerte. Éste es uno que puedes hacer con cartón para colgarlo del cuello.

Los tres símbolos son jeroglíficos egipcios que indican tres palabras:

 todo  vida  protección

Los increíblemente injustos egipcios

Oh, Faraón, esto no está bien

Lo más horrible que le podía pasar a uno en el Egipto del Imperio Antiguo era ser campesino. Su puesto estaba en la base de la pirámide, que era como sigue:

1. *El Faraón*: rey, sumo sacerdote y dios, comandante de los ejércitos.

2. *El visir*: el segundo hombre más poderoso. Se cuidaba del buen funcionamiento del país, desde la recaudación de impuestos al mantenimiento de los sistemas de irrigación. También era el juez supremo.

3. *Los imakhu* (los honrados): los familiares y amigos del faraón. Ocupaban los mejores cargos, como Embajador, Gobernador General de un distrito, Conservador de las Joyas Reales, Conservador de los Aceites y Perfumes, Conservador de los Ropajes Reales o Guardián del Secreto de la Palabra Real. Este último era el que determinaba quién podía tener una entrevista con el faraón.

4. *Los nomarcas*: barones locales que gobernaban los distritos menores y responsables directos de la mayoría del pueblo. Se encargaban de reclutar soldados si Egipto era atacado.

5. *Los escribas*: funcionarios educados que se encargaban de los registros escritos.

6. *Los sacerdotes*: había miles y se encargaban de los templos de los numerosos dioses.

7. *Los hemutiu o artesanos*: obreros con oficio que se ocupaban de las necesidades de los ricos: tejedores, arquitectos, pintores, escultores, comerciantes, joyeros, embalsamadores, herreros

8. *Los campesinos*: el 90 % restante.

¿A QUE NO ADIVINAS QUIÉN PAGA LOS IMPUESTOS?
¿Y A QUE NO ADIVINAS QUIÉN NO PUEDE HABLAR CON EL FARAÓN?
¿Y QUIÉN ARRIESGA LA VIDA CON ESTE TRABAJO?
NUDO TRABAJO.
QUE LO DIGAS.
UIÉN PAGA LAS FACTURAS?
SOTROS! FÍJATE EN
STRA VIDA TERRIBLE
Y ESPANTOSA.
2
3
4
5
6
7
8

Cómo ser un campesino en diez duras lecciones

1. En Egipto había pocos esclavos, pero los campesinos trabajaban tanto que muy bien podrían serlo.
2. Los campesinos siempre eran propiedad de alguien. Si el faraón concedía unas tierras a un noble, los campesinos entraban en el lote.
3. Los campesinos eran contados como el ganado para demostrar la riqueza de un terrateniente.

4. Las mujeres no eran contadas ¡porque valían menos que el ganado!

5. Se organizaba a los campesinos en grupos de cinco.

6. Podía dispersarse a las familias repartiéndolas en grupos diferentes.

7. Cuando un campesino no podía trabajar su tierra a causa de la inundación del Nilo, lo mandaban a trabajar a las pirámides.

8. Si un campesino no trabajaba lo suficiente, podían azotarlo o cortarle un dedo de la mano o del pie, por ejemplo.

9. ¡Si conseguías hacerte muy rico robando una tumba, la parte del cuerpo que te cortaban era la cabeza!

10. Antes de la cosecha, el jefe de la recaudación de impuestos del faraón recorría los campos para calcular la parte real. ¡Los campesinos podían sentirse felices si les quedaba algo de lo que el faraón dejaba!

El trabajo en los campos

El trabajo en las pirámides

Has tenido que arrastrar un bloque enorme por el ardiente desierto durante 60 km. La única agua que has bebido es la que puedes llevar contigo. Por fin llegas a la pirámide, levantas la piedra hasta colocarla en su sitio y caminas vacilante a recoger tu paga que consiste en pan, lino y aceite. Pero entonces, el jefe de grupo te da la mala noticia: ¡No hay paga!

Te arrastras hacia el alojamiento comunal, un cubierto de piedra caliza con el suelo de tierra. Estás cansado, hambriento y muy enojado. El lugar está abarrotado de gente y no hay agua suficiente ni instalaciones sanitarias. Apesta a excrementos humanos y al de los animales con los que hay que compartir el alojamiento.

Deseas estar de vuelta en tu casa con tu mujer y tus hijos. Pero sabes que antes de llegar ya habrás muerto de hambre.

¿Qué haces?

1. Gruñir y volver al trabajo.
2. Enviar una carta de súplica al faraón.
3. Declararte en huelga.

Respuesta: 3. La primera huelga registrada en la historia del mundo se produjo al pie de una pirámide. Los trabajadores se sentaron a la sombra y se negaron a trabajar hasta que no les pagaran sus raciones. ¡Y se las pagaron!

Antiguo chiste del antiguo Egipto

No es extraño que en el Imperio Antiguo hubiera problemas. Hacia el 2300 a.C., el Imperio empezó a desmoronarse. Los nomarcas tenían más poder que los faraones. Un antiguo texto dice:

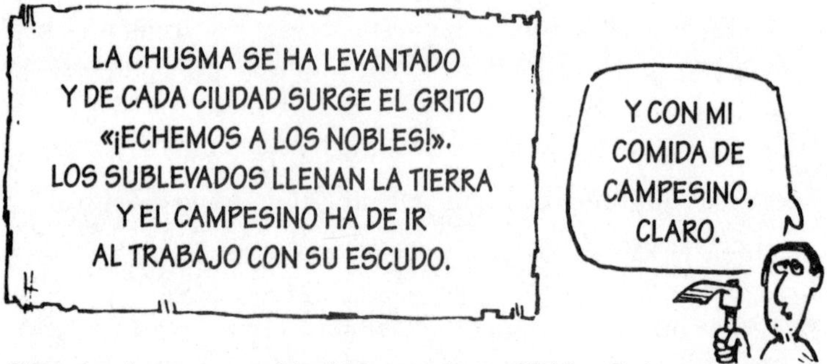

El control no se restableció hasta el año 2065 a.C. (con los faraones de la 11.ª dinastía). Se ofrecieron mejores condiciones a los campesinos.

Se les permitió organizarse en grupos familiares. Se dio una parcela de tierra a cada familia para que pudiera alimentarse y los campos podían pasar de generación en generación sin que se los pudieran arrebatar. Los campesinos estaban satisfechos.

Mujeres asombrosas

Cómo ser una asombrosa mujer egipcia

Los egipcios tenían una idea muy precisa del modelo de mujer egipcia maravillosa: la diosa Isis. Para ser una mujer maravillosa bastaba ser como ella.

Cómo ser una mujer egipcia *bastante* maravillosa

Si ser como Isis resultaba un poco difícil, podías ser una mujer bastante maravillosa:

1. Quedándote en casa y obedeciendo a tus padres hasta los doce años en que ya tenías edad para casarte.
2. Tenías que casarte con alguien adecuado, aprobado por papá y mamá.
3. Tenías que obedecer a tu marido.
4. Compartir a tu marido con otras esposas.
5. Dar a tu marido montones de hijos. Seis o siete eran lo normal.

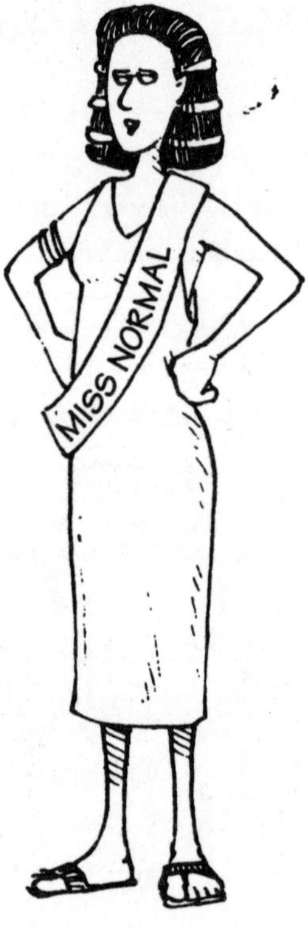

Cómo ser una mujer egipcia normal

Muy pocas mujeres egipcias conseguían ser perfectas. En realidad:

1. Las hijas de los ricos que podían salir de casa e ir a la escuela a aprender a leer y escribir.
2. Solían casarse más por amor que porque sus padres les eligieran el marido. Éste solía ser alguien de la familia, como un tío o un primo.
3. Un viajero griego, Herodoto, escribió que las mujeres egipcias, en su opinión, no eran tan obedientes como debían serlo. Y se quejaba de que eran demasiado independientes.

4. Un egipcio podía tener todas las esposas que quisiera, *pero* debía mantenerlas a todas dignamente. La primera esposa era igual que su marido; su primogénito heredaba la riqueza del padre al morir éste y ella todo lo de la casa.

5. Las chicas solían tener su primer hijo a los doce o trece años. Daban a luz arrodilladas en una construcción especial de ladrillos. El parto era un acontecimiento muy peligroso a causa del elevado riesgo de infecciones, y no era raro que muriera la madre o el niño. Una mujer tenía que esperar que la diosa del parto, Taueret, la protegiera de los malos espíritus. Era lógico que Taueret fuera capaz de hacerlo ¡porque tenía el aspecto de un feroz hipopótamo hembra embarazada!

Cómo ser una hermosa mujer egipcia

Las egipcias estaban orgullosas de su apariencia y les gustaba ir a la moda. Si los egipcios hubieran escrito un libro de belleza, diría:

1. Báñate a menudo. Purifica el agua con natrón. ¡Sí! ¡La sal usada para conservar las momias!

2. Toma masajes. Una sirvienta lo hará, si eres afortunada como para tener una sirvienta.
3. Maquíllate los ojos. Con galena, el mineral de plomo, haz una pasta de pintura gris oscuro para dar a tus ojos la forma de almendra. Depílate las cejas. Lo mejor es hacerlo con unas pinzas de plata, si puedes pagarlas, claro.
4. Maquíllate la cara. Ponte colorete y píntate los labios de rojo con pintura hecha con óxidos de hierro.
5. Píntate las uñas. Mezcla un poco de henna para pintarlas de rojo. ¡También puedes ponerte este color en las palmas de las manos y en las plantas de los pies!

Vivir como un egipcio

Los egipcios vivían en casas hechas de ladrillos de barro. No es nada horroroso. El barro era gratis y los ladrillos, cocidos al tórrido sol de verano, se endurecían como la piedra. Las casas de barro podían durar siglos y hoy día aún las hacen así. Cuanto más importante era uno, más grande era su casa. Los egipcios tenían muy pocos muebles, pero no importaba gran cosa porque se pasaban casi todo el día fuera. ¿Te hubiera gustado vivir como un egipcio?

1. Los egipcios apenas llevaban ropa. Los niños y los pobres muchas veces iban desnudos. Pero, afortunadamente, los antiguos egipcios vivían en un país soleado y seco, por lo que era lógico que anduvieran por ahí sin nada encima.

2. Los egipcios comían pan. ¡Y era tan duro que se quedaban sin dientes! En Egipto, en el año 2000 a.C. ya había panaderías. Si quieres tener una idea de cómo sabía un pan egipcio (sin tener que perder los dientes), prueba esta receta:

Pan integral

Necesitarás:

1. 4 tazas de trigo integral.
2. Media cucharadita de sal.
3. 2 tazas de agua caliente.

Preparación:

1. Mezcla la harina, la sal y el agua.
2. Amasa bien durante cinco minutos.
3. Con trozos de la masa, haz círculos y triángulos.
4. Ponlos en una bandeja de horno engrasada.
5. Déjalas toda la noche.
6. Decora el borde de las masas con los dedos haciendo marcas dentadas.
7. Cuece al horno de gas al n. 4, durante media hora.

(Puedes añadir una taza de dátiles troceados. La masa también puede tener la forma de algún animal egipcio.)

Tu veredicto (señala el cuadrito):
Asombroso □ Bueno □ Horrible □

3. Los egipcios se alimentaban de pepinos, perejil, lechuga, cebollas, ajos, puerros y berros, pero la mayoría sobrevivía con pan y cebollas. Tenían melones, higos, granadas y dátiles. Hacían vino con la uva y usaban la miel para endulzar. Más tarde, cultivaron fresas, manzanas y peras. Tenían rebaños de cabras, vacas y patos; consideraban el cerdo impuro.

4. Bebían un tipo de cerveza hecha de cebada. Ponían pan con la cebada y agua, y dejaban que fermentara. Después colaban el líquido ¡que seguramente se parecía más a una sopa!

5. En el 1600 a.C., los egipcios hicieron los primeros dulces conocidos en la historia. Se encontraron las recetas en unas tablillas de piedra. Prueba ésta:

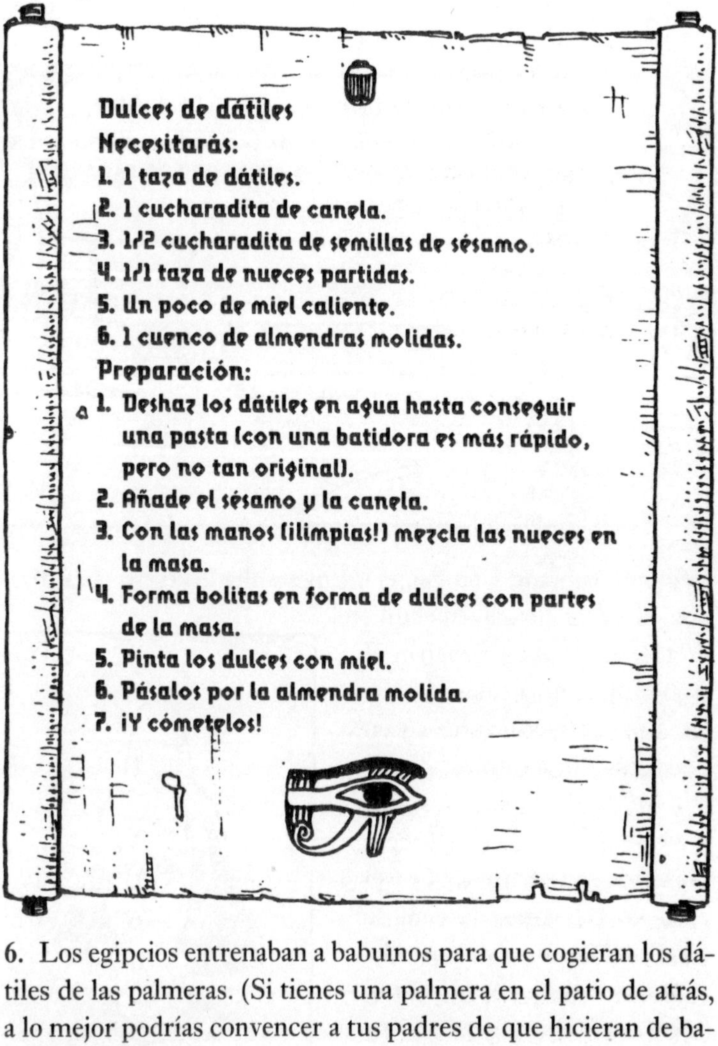

6. Los egipcios entrenaban a babuinos para que cogieran los dátiles de las palmeras. (Si tienes una palmera en el patio de atrás, a lo mejor podrías convencer a tus padres de que hicieran de babuinos.)

7. Los egipcios eran unos grandes creyentes en la magia. ¡Aquí te brindamos la mejor fórmula hallada en un libro! ¡Podría salvarte la vida! Si tienes la desgracia de caer en un río lleno de cocodrilos, recita:

Dilo rápidamente y en egipcio. Los resultados están garantizados. Si no, te devuelven el dinero.

8. Los egipcios se cortaban el pelo muy corto a causa del calor. Pero los egipcios ricos y en ocasiones importantes, llevaban pelucas y encima solían ponerse un cono hecho de cera mezclada con perfumes. Con el paso de las horas, la cera se fundía, el perfume se expandía ¡y la cera bajaba por la peluca!

9. La medicina egipcia era una mezcla de sentido común y de

magia. Keti, un oficial del Gobierno, fue atacado y recibió una grave herida en la cabeza. El médico le dio una droga que le durmió y, mientras tanto, le quitó parte del cráneo dañado. Después cosió la herida y Keti vivió.

10. En cambio, para curar la ceguera, se molía el ojo de un cerdo, se hacía una pasta con miel y ocre rojo ¡y se colocaba en la oreja del paciente!

Si tienes dolor de estómago, puedes probar a recitar este antiguo encantamiento egipcio mientras te tomas la medicina: «Ven, tú que expulsas a las formas diabólicas de mi estómago y de mis piernas. El que bebe esto será curado tal como fueron curados los dioses de allá arriba».

¿Para qué sirven?

Fijaos en estos asombrosos objetos y a ver si adivináis para qué los usaban los egipcios.

A

1. Espantamoscas
2. Un león de juguete
3. Un palo

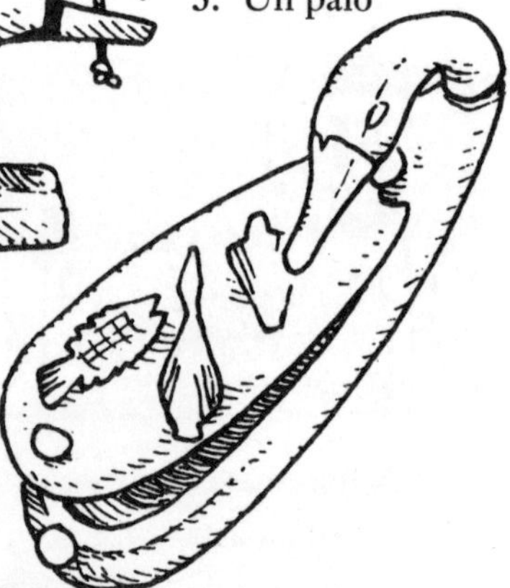

B

1. Un costurero
2. Un pato de reclamo (para cazar)
3. Un tarro de crema de belleza

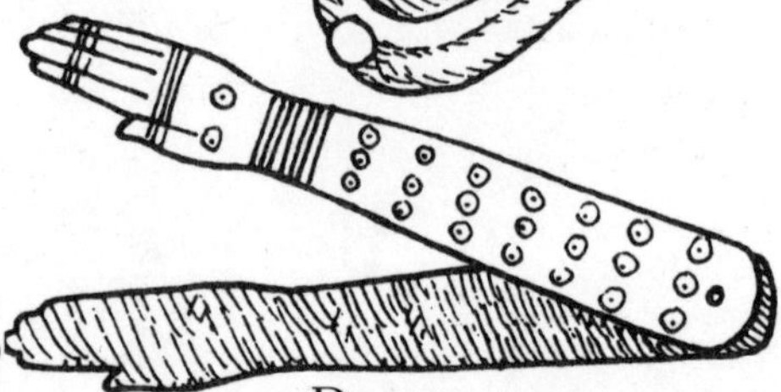

C

1. Un abanico
2. Matamoscas
3. Unas castañuelas

D

1. Una pipa
2. Un refrescador
3. Un escanciador de vino

Respuestas:
A.2 B.3 C.1 D.2

Esos asombrosos entretenimientos egipcios

Narradores de historias

A los antiguos egipcios les encantaban los relatos. He aquí un fragmento muy parecido a uno de nuestros cuentos de hadas: «Cuando el príncipe Ramsés nació, la diosa del Destino se acercó a su cuna.

–Un cocodrilo, una serpiente o un perro matarán a este niño –dijo.

El rey, su padre, le procuró toda la vigilancia y protección posible, pero cuando el príncipe fue mayor, salió de casa y se enteró de que en Siria había una hermosa princesa. El hombre que pudiera subir a la torre donde ella vivía, obtendría su mano y se casaría con ella.

Como es natural, el príncipe Ramsés fue el ganador y se casó con la princesa.

Vivía feliz ¡hasta que fue atacado por una serpiente! La princesa lo salvó a tiempo. Siguió viviendo feliz ¡hasta que le atacó su propio perro! Corrió a zambu-

llirse en el mar y parecía estar a salvo, cuando se le echó encima un cocodrilo. ¡Un cocodrilo muerto de hambre! La bestia le propuso perdonarle la vida si mataba al mayor enemigo que tenía...»

Por desgracia, el papiro está roto y no sabemos el final de la historia. ¡Que lástima! Quizá te gustaría escribir un final por tu cuenta. Te damos una pista: A los egipcios les gustaban los relatos tristes con un final feliz.

Juegos infantiles

Fabricaban unas pelotas con piel y rellenas de grano con las que hacían malabarismos. Algunas veces jugaban dos, con uno «haciendo de caballito».

También jugaban a la peonza con piedras pulidas que hacían girar con los dedos. Los más diestros jugaban con dos al mismo tiempo.

Hacían carreras de rodillas, es decir, correr entre dos puntos ¡pero sin que las manos abandonaran las rodillas!

En las tumbas se han encontrado juguetes preciosos, como por ejemplo animales de madera que abrían y cerraban la boca con sólo tirar de una cuerdecita.

El juego de la cabra

Probad este sencillo juego egipcio.

Necesitáis ser un grupo de cuatro o más.

1. Dos jugadores son «la cabra».
2. Estos dos jugadores se sientan en el suelo con las piernas extendidas.
3. Los otros han de saltar por encima de la cabra sin tropezar en las manos de los dos sentados.
4. Si un saltador es atrapado, se convierte en una mitad de la cabra.

Deportes acuáticos

Echad una mirada a vuestros certificados de natación. Necesitaréis dos equipos de tres o cuatro y un bote para cada equipo. Se trata de mantenerse de pie en el bote y lanzar al agua a cada miembro del otro equipo, uno a uno, sin que le tiren a uno mismo. ¡Podéis probarlo sobre una tabla en el césped del jardín!

La caza

Cazaban el hipopótamo con arpones, flechas, cuerdas y redes. Muy peligroso, ¡en especial si el hipopótamo decidía cazar al cazador!

¡Ni lo intentes! (Podrías encontrar un hipo en el zoológico local, pero te echarían a patadas si quisieras matarlo. Y en el caso de conseguirlo, no te cabría en el microondas.)

También cazaban aves. Usaban aves de madera como reclamo y mataban a las de verdad con un palo arrojadizo, una especie de bumerang que no volvía. Difícil.

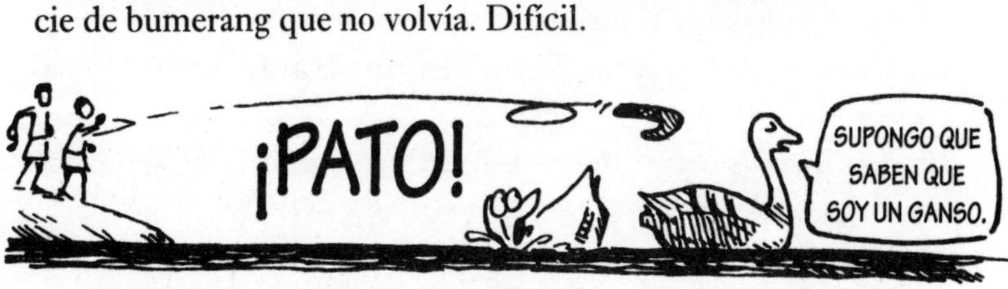

Probad a derribar patos hechos de cartón con palos arrojadizos. El que lo consiga en menos de diez tiradas, gana.

Alquerque (Damas)

Se cree que este juego español es originario del antiguo Egipto, probablemente introducido en España por los musulmanes que procedían del norte de África y que habían conquistado Egipto en la Edad Media. Necesitarás doce fichas para cada jugador que sólo pueden ser dos y un tablero que puedes hacer tú mismo con un cartón tal como puedes ver en el dibujo. Coloca las fichas tal como se indica.

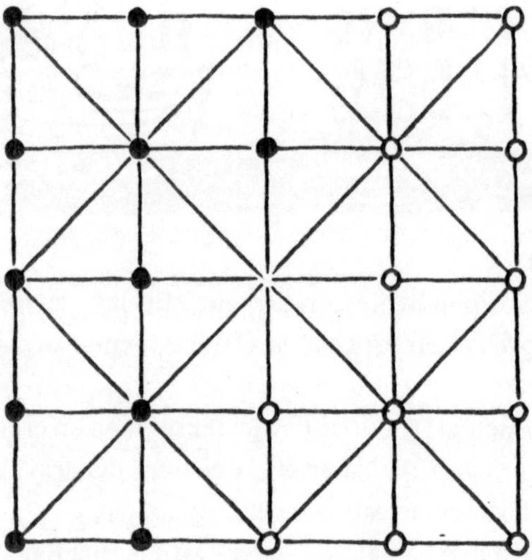

Reglas

1. Sólo el espacio del medio queda sin ficha.
2. Echa los dados para saber quién empieza. El primer movimiento ha de ser a partir del espacio libre.
3. Las fichas pueden moverse hacia un espacio libre siguiendo las líneas del tablero.
4. Puedes capturar una ficha, incluso más, si pasas por encima hacia un espacio vacío.
5. El ganador es el jugador que captura todas las fichas del oponente.

Esa asombrosa astronomía

El tiempo

El calendario egipcio es asombrosamente inteligente. Algunos historiadores creen que fue su invento más importante. Observando el sol, calcularon que el año tenía 365 días, casi como el nuestro. Dividieron el año en las tres estaciones que has visto en la página 92, cada una de 120 días más 5 días extra cada año. Es decir, había 12 meses de 30 días cada uno.

Los meses eran de tres semanas.

Las semanas eran de diez días.

Antiguos récords

Un día, 3.000 años a.C., un astrónomo estaba mirando el cielo justo antes del amanecer. Trabajaba en la academia de Menfis, la nueva capital del Alto y Bajo Egipto unidos, el primer día de la inundación.

Al este, el sol empezó a asomar por el horizonte, pero al mismo tiempo se fijó en que aparecía la estrella Sotis (la que nosotros llamamos Sirio). Generaciones y generaciones posteriores siguieron observando el fenómeno y descubrieron que los tres acontecimientos, el comienzo de la inundación, la aparición del sol y de la estrella, se producían simultáneamente cada 1.460 años. ¡Asombroso!

Si consideramos que la vida laboral de un astrónomo era de veinticinco años, imagina cuántas generaciones se la pasaron mirando al cielo. No seas perezoso y calcúlalo: 1.460 entre 25, hummmm, hummmm. Está bien, puedes poner la página al revés para saberlo.

Respuesta: 58 generaciones con algunos trabajando 30 años.

Escribir como un egipcio 1

Los egipcios escribían con jeroglíficos ¡pero ellos no los llamaban así! La palabra es griega y procede de *hieros,* que significa «sagrado», y de *glyfe,* que significa «talla». El nombre egipcio era «las palabras de los dioses».

A veces un signo significa una letra, como en nuestro alfabeto, y en otras ocasiones una palabra entera. La «tinta» era como nuestra pintura para carteles, y los colores más utilizados eran el negro y el rojo. El negro se hacía con bloques de goma teñida (que en el clima de Egipto debía secarse rápidamente).

La «pluma» debía ser como un pincel fino. Se aplastaba y golpeaba un junco o una caña hasta convertirla en una especie de escobilla y se acababa de afinar con un cuchillo. Se empapaba en agua y se introducía en la masa de goma negra.

El «papel» se llamaba papiro. Se extraían las tiras blandas de la caña de esa planta y fabricaban una superficie plana entrecruzándolas como un tejido, que aplastaban y dejaban secar al sol. El papiro más largo conocido medía unos asombrosos ciento veinticinco metros. Los jeroglíficos los complicaban ex profeso para que costara mucho no sólo escribirlos sino leerlos. Los que sabían hacerlo se convertían en gente importante.

Los pocos niños egipcios que iban a la escuela, asistían para poder hacerse escribas. Para ocupar cargos importantes, como empleado del Gobierno, médico o sacerdote, tenían que saber leer y escribir. La mayoría del resto de los niños se quedaban en casa y aprendían el mismo oficio del padre.

Las escuelas solían estar en los templos bajo la dirección de los sacerdotes. Aprender a ser escriba resultaba muy duro. La disciplina era estricta y los profesores asombrosamente severos. Echa un vistazo a este texto que ha sobrevivido llamado *Consejos a un joven escriba*:

Cuando en el siglo VI d.C. se cerró el último templo, se perdió la costumbre de escribir en jeroglíficos. Por eso la gente llegó a considerar a los antiguos egipcios más inteligentes que nadie porque habían inventado un lenguaje ininteligible.

En 1799, un oficial del ejército de Napoleón halló en Rosetta una piedra en la que había grabado un mismo texto en griego y en signos jeroglíficos. En 1822, un joven sabio francés, Jean-François Champollion, que sabía griego, estudió la piedra y logró descifrar el lenguaje de los jeroglíficos.

Escribir como un egipcio 2

Aquí tienes unos cuantos jeroglíficos egipcios.
Cópialos y fíjate en lo que le debía costar a un escriba redactar sus escritos.

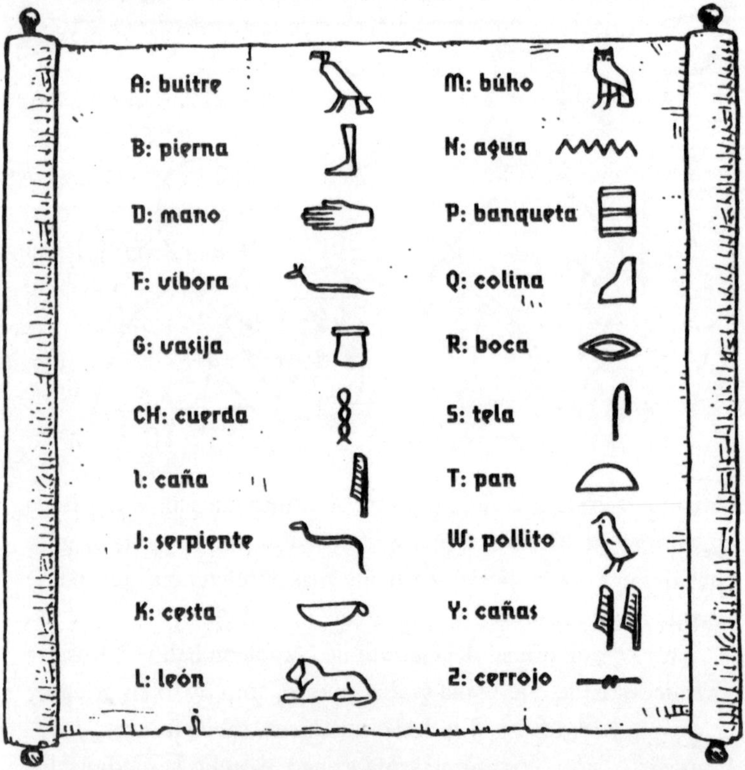

Ahora, trata de descifrar este mensaje. Recuerda que lo importante son «los sonidos» de algunas letras ¡no el deletreo!

Esa asombrosa aritmética egipcia

Deja boquiabierto a tu profesor con tus conocimientos de aritmética egipcia. Pero tranquilo: deja caer estos detalles en la conversación como por casualidad.

1. Los egipcios se dieron cuenta de que la aritmética era asombrosa y alentaron a sus sacerdotes a desarrollarla.

2. Los maestros no castigaban a nadie obligándoles a aprenderla. Era un secreto muy bien guardado, como mucha de la ciencia actual. La mayor parte se enseñaba oralmente. ¡Temían que, si la escribían, los enemigos se la robarían! (¿Y a quién le interesaba?)

3. Los egipcios usaban las matemáticas para solucionar problemas de construcción. Los arquitectos hacían unos planos muy cuidadosos para que cada tumba y cada templo estuviera tan bien calculado como los nuestros. (Véase *Cómo construir una pirámide* en la pág. 46.)

4. Tenían un sistema decimal como el nuestro, pero no conocían el cero.

5. El importante papiro Rhind del Museo Británico detalla muchos problemas matemáticos acerca de rectángulos, círculos y triángulos.

6. Los egipcios usaban las fracciones, pero el numerador era siempre 1. Así 3/8 se escribían: 1/8 1/8 1/8.

7. Echa un vistazo a esta tabla numérica egipcia. ¡A ver si eres capaz de escribir estos números en egipcio antiguo!

14	18	25	30
37	43	56	71
102	175	333	450

8. Pon a prueba a algunos de tus amigos con algunas sumas egipcias. Por ejemplo:

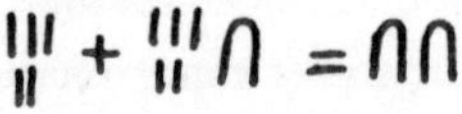

Tabla numérica egipcia

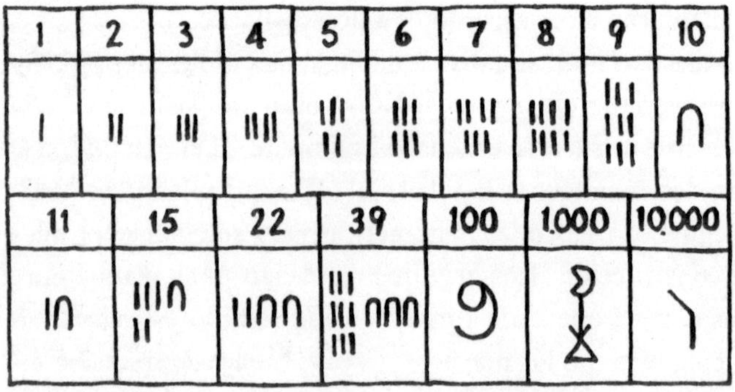

Dimensiones desconcertantes

Intenta hacer algunos cálculos egipcios y comprueba lo asombrosos que son:

Si un antiguo egipcio pedía *una mano*, ¡probablemente quería medir alguna cosa! Los egipcios solían utilizar partes del cuerpo, como los brazos o los dedos, para hacer mediciones.

El ancho de cuatro dedos se denominaba *palmo*. La longitud del brazo desde las yema de los dedos al codo se llamaba *codo*. Compruébalo con tu propio cuerpo. Dibuja en un papel la longitud de tu brazo ¿Cuántos palmos tiene? ¿Tenían razón los egipcios por lo que se refiere a tu cuerpo?

Mide algunas cosas de tu casa. La cola del perro, la pierna del abuelo, la cocina cuando alguien esté cocinando. Si alguien se enfada contigo, sonríe dulcemente y dile que estás llevando a cabo una actividad educativa.

Compara los resultados con los de un adulto. ¿Hay algún problema? Imagínate comprando lino en el mercado para hacer un vestido ¿Quién es el afortunado al que mandan a comprar? Al miembro de la familia que tiene el brazo más largo, naturalmente. Sólo necesitas un hermano alto y flaco.

Los egipcios encontraron que aquella medida les ocasionaba algunas dificultades, así que se inventaron el codo real, una medida estándar, la misma para todo el país. Equivalía a unos 52,3 cm en nuestro sistema decimal.

Para longitudes más largas, usaban la «vara de cordón» igual a 100 codos y la «medida del río» igual a 4.000 codos.

1 codo

4 dedos

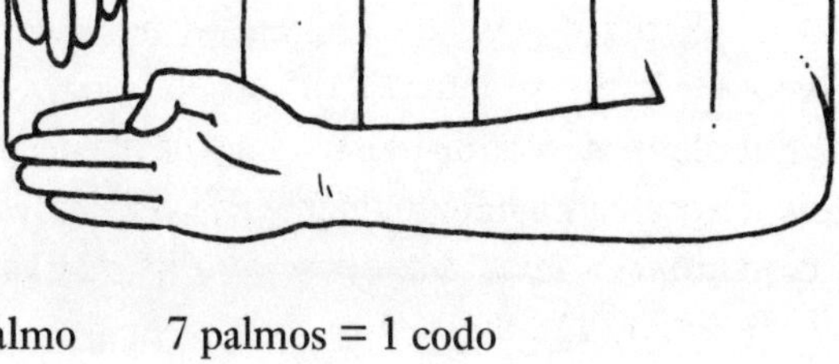

4 dedos = 1 palmo 7 palmos = 1 codo

Epílogo

La vida en Egipto podía ser dura y cruel. Poca gente tenía una vida tranquila. ¡Incluso las momias tampoco la tenían en la otra vida! Pero, de cualquier modo, los egipcios fueron realmente asombrosos. Después de cinco mil años, el tamaño de sus construcciones continúa asombrando.

Cuando se abrió la tumba de Tutankamón, una ola de entusiasmo desenfrenado embargó a los habitantes del siglo XX. El «estilo egipcio» fue la moda reinante en los años veinte y treinta. Todo el mundo deseaba contemplar los fabulosos tesoros.

Tutankamón y otros faraones lograron más fama después de muertos que mientras vivían, ya que en su tiempo apenas gobernaron un rincón del mundo antiguo.

Pero los conquistadores que les siguieron fueron *mucho* más ambiciosos. Quisieron apoderarse de todo el mundo conocido, incluidos los rincones más alejados, y dominar a pueblos primitivos, hasta los que vivían en un grupito de islas llamadas británicas.

Fueron más horribles que los mismos egipcios. ¡Comían lirones asados! ¡Eran depravados! Los depravados romanos. Pero ésa es otra historia, otra horrible historia.